日々の易経

三百八十四の物語

高間邦男

港の人

日々の易経

三百八十四の物語

はじめに

易経は、もともとは占いのために作られたものです。易経が成立した歴史は古く、今から三千年前にさかのぼります。紀元前千百年ごろの中国の周の時代に完成しました。それで易経は周易《しゅうえき》ともいわれています。作成にあたっては、論語で有名な孔子も関わっていたと伝えられています。その後、朱子学でなじみのある朱熹《しゅき》などの、多くの知識人・学者たちによって道徳や哲学を探究する書としても研究が重ねられ、今日まで伝わってきています。私たちの日常の言葉の中にも、易経からの引用が数多く残っています。易経は中国や日本の思想文化に大きな影響を与えてきたのです。

現代人で東洋思想に多少でも関心がある人は、儒教の四書五経の聖典の一つである易経とは何だろうかと、興味を引かれたことがあるのではないでしょうか。

　しかし、仏教などと同様に、さまざまな書籍があって、どこから手を付けたら良いかと迷ってしまいがちです。また、現代人はあまりにも忙しく、日々目を通しきれない情報が怒濤《どとう》のように流れてくるので、古典をゆっくりと紐《ひも》解く時間は取りづらいものです。古文に親しんでこなかった人には、易経は漢字が多くて、古い言葉が頭にスッと入ってはこないでしょう。

　本書は、忙しくかつ古文の苦手な現代人でも、易経を日々の生活の中で簡単に活用できるように、まとめてみました。易の六十四卦《か》の解説だけでなく三百八十四爻《こう》の解説も入れて、日々の占いの吉凶禍福《かふく》を見るだけでなく、日々のできごとに対してどのような姿勢態度で臨むべきかの道徳的な学びも得られるように説明をしています。五十年にわたって易を人生の羅針盤《らしんばん》として生きてきた筆者として、私だったらこういう本があったら助かるし、易に親しんでいる私の娘たちや周りの仲間にも喜んでもらえるのではないかという観点で、思い切って内容をコンパクトにした入門実用書です。

　本来の易経は、陰陽《いんよう》八卦を組み合わせた六十四卦を上下二巻に分けた経文《けいぶん》と、十翼《じゅうよく》と言われる彖伝《たんでん》上・下、象伝《しょうでん》上・下、繫辞伝《けいじでん》上・下、文言伝《ぶんげんでん》、説卦伝《せっかでん》、序卦伝《じょかでん》、雑卦伝《ざっかでん》の十篇の解説とで構成されています。しかし本書では、これらの十翼の解説を入れると実用書としては重くなるため割愛しました。

本書は六十四卦のそれぞれの卦の卦辞《かじ》と言われる経文とそれについての解説、六爻の爻辞《こうじ》とその解説を掲載しています。易経の経文は、もともと漢文（白文）ですので、それをどのように日本語として読み下すかには、さまざまな読み方があります。この本では、著名な書籍で用いられている読み方を比較参照しつつ、現代人にとって意味が分かりやすく響きが良い、と筆者が思う読み方を選びました。

経文の解釈も、識者によっていろいろな違いがあります。本書では、経文の言葉をもらさず直訳して、文脈が分かるように、現代の言葉で平たく解説しています。実用の観点から、現代のビジネスパーソンをイメージして、具体的に仕事や生活の場面で役立ちそうな解説をしてみました。占う人の理解を助けるために、十翼にある説明の言葉を補っているところもあります。

どうしてこういう解釈になったのかは、それぞれ根拠となる出典があるのですが、一つひとつ注釈を入れていると非常に煩雑《はんざつ》になるために省略しました。入門実用書であるということで、詳細な説明がないことをご寛容いただきたいと思います。

古代と現代では、文化風習が異なりますので、なるべく現代の価値観や状況に合うような言葉遣《づか》いに置き換えをしています。しかし、経文の中には、女性蔑視的な表現がいくつか見受けられます。それらは現代ではとても受け入れられるものではありませんが、古典ですので筆者の判断で勝手に削除するわけにもいかず、そのままにしてあります。読者には、性別を問わず器量が小さく道徳の少ない人物という意味に置き換えてご理解いただきたいと思います。

読者の皆さまには、本書を最後まで通してお読みいただいてももちろん結構ですが、まずは冒頭の解説部分を読まれた後、実際に占った上で、本書の卦の解説を読んでいただくことをおすすめします。易の深遠さを実感しつつ実践的に学びを広げることができると思います。ご自身の人生をより良くしていく羅針盤として、易経に日々親しんでいただければ幸いです。

本書を出版するにあたっては、ご縁を繋いでくださった「一凛堂」の稲垣麻由美さんと、出版の労を引き受けてくださった「港の人」の上野勇治さんに大変お世話になり感謝いたします。

この拙著が、人々の成長と幸せを増す一助となり、易経に親しむ人々が増え、人類の遺産である易経が後世に引き継がれていく資糧の一片になることを祈ります。

二〇二一年　湯河原にて　　高間邦男

目次

解説

易経

『上経』

六十四卦索引表

上卦／下卦	☰ 乾《けん》（天）	☱ 兌《だ》（澤）	☲ 離《り》（火）	☳ 震《しん》（雷）	☴ 巽《そん》（風）	☵ 坎《かん》（水）	☶ 艮《ごん》（山）	☷ 坤《こん》（地）
☰ 乾《けん》（天）	䷀ 1 乾《けん》爲《い》天《てん》 五三	䷪ 43 澤《たく》天《てん》夬《かい》 一九七	䷍ 14 火《か》天《てん》大有《たいゆう》 九九	䷡ 34 雷《らい》天《てん》大壮《たいそう》 一六六	䷈ 9 風《ふう》天《てん》小畜《しょうちく》 八一	䷄ 5 水《すい》天《てん》需《じゅ》 六九	䷙ 26 山《さん》天《てん》大畜《たいちく》 一三八	䷊ 11 地《ち》天《てん》泰《たい》 八八
☱ 兌《だ》（澤）	䷉ 10 天《てん》澤《たく》履《り》 八四	䷹ 58 兌《だ》爲《い》澤《たく》 二五一	䷥ 38 火《か》澤《たく》睽《けい》 一八〇	䷵ 54 雷《らい》澤《たく》歸妹《きまい》 二三六	䷼ 61 風《ふう》澤《たく》中孚《ちゅうふ》 二六〇	䷻ 60 水《すい》澤《たく》節《せつ》 二五七	䷨ 41 山《さん》澤《たく》損《そん》 一九〇	䷒ 19 地《ち》澤《たく》臨《りん》 一一五
☲ 離《り》（火）	䷌ 13 天《てん》火《か》同人《どうじん》 九六	䷰ 49 澤《たく》火《か》革《かく》 二一九	䷝ 30 離《り》爲《い》火《か》 一五二	䷶ 55 雷《らい》火《か》豐《ほう》 二四〇	䷤ 37 風《ふう》火《か》家人《かじん》 一七六	䷾ 63 水《すい》火《か》既濟《きせい》 二六七	䷕ 22 山《さん》火《か》賁《ひ》 一二五	䷣ 36 地《ち》火《か》明夷《めいい》 一七三
☳ 震《しん》（雷）	䷘ 25 天《てん》雷《らい》无妄《むぼう》 一三五	䷐ 17 澤《たく》雷《らい》隨《ずい》 一〇八	䷔ 21 火《か》雷《らい》噬嗑《ぜいこう》 一二三	䷲ 51 震《しん》爲《い》雷《らい》 二二六	䷩ 42 風《ふう》雷《らい》益《えき》 一九三	䷂ 3 水《すい》雷《らい》屯《ちゅん》 六一	䷚ 27 山《さん》雷《らい》頤《い》 一四三	䷗ 24 地《ち》雷《らい》復《ふく》 一三一
☴ 巽《そん》（風）	䷫ 44 天《てん》風《ぷう》姤《こう》 二〇〇	䷛ 28 澤《たく》風《ふう》大過《たいか》 一四五	䷱ 50 火《か》風《ふう》鼎《てい》 二一三	䷟ 32 雷《らい》風《ふう》恆《こう》 一五九	䷸ 57 巽《そん》爲《い》風《ふう》 二四七	䷯ 48 水《すい》風《ふう》井《せい》 二一五	䷑ 18 山《さん》風《ぷう》蠱《こ》 一一二	䷭ 46 地《ち》風《ふう》升《しょう》 二〇七
☵ 坎《かん》（水）	䷅ 6 天《てん》水《すい》訟《しょう》 七二	䷮ 47 澤《たく》水《すい》困《こん》 二一一	䷿ 64 火《か》水《すい》未濟《びせい》 二七一	䷧ 40 雷《らい》水《すい》解《かい》 一八七	䷺ 59 風《ふう》水《すい》渙《かん》 二五四	䷜ 29 坎《かん》爲《い》水《すい》 一四九	䷃ 4 山《さん》水《すい》蒙《もう》 六五	䷆ 7 地《ち》水《すい》師《し》 七五
☶ 艮《ごん》（山）	䷠ 33 天《てん》山《ざん》遯《とん》 一六二	䷞ 31 澤《たく》山《ざん》咸《かん》 一五六	䷷ 56 火《か》山《ざん》旅《りょ》 二四四	䷽ 62 雷《らい》山《ざん》小過《しょうか》 二六四	䷴ 53 風《ふう》山《さん》漸《ぜん》 二三三	䷦ 39 水《すい》山《ざん》蹇《けん》 一八四	䷳ 52 艮《ごん》爲《い》山《さん》 二三〇	䷎ 15 地《ち》山《ざん》謙《けん》 一〇一
☷ 坤《こん》（地）	䷋ 12 天《てん》地《ち》否《ひ》 九二	䷬ 45 澤《なく》地《ち》萃《すい》 二〇四	䷢ 35 火《か》地《ち》晉《しん》 一六九	䷏ 16 雷《らい》地《ち》豫《よ》 一〇五	䷓ 20 風《ふう》地《ち》觀《かん》 一一九	䷇ 8 水《すい》地《ち》比《ひ》 七八	䷖ 23 山《さん》地《ち》剝《はく》 一二八	䷁ 2 坤《こん》爲《い》地《ち》 五八

漢数字は本書の頁数を表す

解説

日々の決断の羅針盤としての易経

易経は学ぶのに終わりがない深淵《しんえん》な内容を持っている思想書でありながら、簡易に行くべき道を照らしてくれる実用の書でもあります。易経は、天地の間にある万物が運行し変化していく道理を究明する哲学・思想として重要視されてきましたが、一方で、自分の力を十分に発揮し自分の使命を遂行するために、変化に順応して、日々直面する問題に対処する羅針盤《らしんばん》として用いられてきたものです。

私たちは、毎日が決断の連続です。今日のお昼に何を食べるか、どの道を歩くか、会合に参加するかしないかといった細かい決断から、どの会社に就職をするか、どこに住むのか、このプロジェクトを実施するかしないか、家を買うか買わないかなど、さまざまな人生を左右する大きな決断をしながら生きています。

日常的な数多い決断の中で、自分にだけ影響することなら、何を選んでも結果に大した差はないので、直観のおもむくままに決めれば良いことがほとんどでしょう。他の人や社会に関係することでは、法律・慣習・道徳を踏まえながら、自分が大切にしている価値に照らして決めることも多いと思います。やや判断が難しい問題に対しては、思いつきやその場の興奮で結論を出さないように、立ち止まって静かに考えて、判断すれば間違わないでしょう。かなり複雑で難しい問題に対しては、情報を集めて分析して判断したり、専門家に相談して決めるでしょう。しかし、世の中には、判断するための十分な情報がなかったり、将来どうなるかが全く予測できないことが多くあります。その決断が将来に重大な結果をもたらすことが分かっている場合は、なおさら意思決定に悩んだり、ストレスを感じるものです。

そのような先の見えない問題に対して、問題解決の専門家は、どっちがより良くなる確率が高いかで決めるかもしれません。しかし、確率なので裏目に出ることもあります。他人事ならば、客観的に確率で決めることもできますが、自分の人生や家族の大事になると、そうあっさりとは決断できないのが人情です。多くの経営者が仕事の問題を考え続けて、夜によく眠れないと聞きます。悩んだときには、他の人に相談するのも良いのですが、立場上から他の人に相談できないこともあるでしょう。

どんな人でも、人生の中で、難しい決断に直面する機会はあるものです。特に、経営者やビジネスパーソン、政治家、組織のリーダーなどは、日々重要な決断にさらされ続けています。

人間は、感情やエゴといった煩悩《ぼんのう》と、理性の二つのバランスをとって決断するのが理想的ですが、ほとんどの人は、目の前の問題に直面したときには、まず最初に、感情の部分である好き嫌いや自己保身、欲求が頭をもたげてしまいがちです。それに対して理性が、感情的な判断からくる偏《かたよ》りを客観的に修正できれば良いのですが、人間の理性はそううまくは働かず、自分の感情的な判断を正しいと証明するための証拠を集め始めてしまうそうです。

つまり自分の考えが正しいことを自分に納得させるために理性を働かせるようになる傾向が高いのです。この癖《くせ》が、経営者やリーダーの判断の目を曇らせてしまいます。上に立つ人には自信や自我が強い人が多いので、人から批判されるとますます聞く耳を持たなくなりがちです。これは、高い実績を挙げてきて、周囲から優秀と認められている人の陥《おちい》りやすい罠《わな》です。

それを自覚して防ぐために、明治から昭和の政界や財界のリーダーたちの多くは、易経を学んできました。自分で占いを行い、将来がいかに発展し変化するのか、そしてそれに対する自分の考え方や行動のあり方を問うて、自分自身を第三者の目で反省し、自分の思い方や行動に間違いや偏りが起きないように修正をしてきたのです。

今日では、易経を学ぶ人は減少してきました。現代人がこの易経の智恵を活用できないのは、まことに残念でもったいないことです。易経を知れば、いたずらに湧き上がる疑念を断ち切り、向かうべき方向を正しく決断することができます。また、日々の活動のあり方を易経を活用して振り返ることで、自己を成長させるサイクルを加速することが容易になるでしょう。

当然のことですが、易で占った結果が絶対正しいと思って、なんでもかんでも易に頼って、それに従うのは良くありません。人間は自己決定する力を備えていますので、その主体性を放棄して易に全てを頼るのでは、たとえ結果として利益を得たとしても、人間らしく豊かに生きているとは言いづらいでしょう。易は、あくまでも自分がより良く生きるために、視野を広げ、方向を見定めるための、ツールとして意味があるのだと思います。

易の成り立ち

易は、天地間の変化、人生の変化、物事の変化を六十四のパターンに分類して、変化の道理を明らかにし、その中で人がどのように処置することで、福を得ることができるかを教えています。

この六十四のパターンを、陰《いん》を表す真ん中が欠けた棒の形の記号（画《かく》）⚋と、陽《よう》を表す棒の形の記号（画）⚊を六本使って表します。

これを卦《か》と呼び、六十四卦あります。その卦ごとについている説明文と、さらにそれを解説した文章と易全体について説明した総論を合わせて易経と呼んでいます。

易の六十四卦を最初に作り出したのは、紀元前三千年ごろの古代中国の神話に登場する神であり帝王であった伏羲《ふっき》だといわれています。最初は六画の図だけで文章はありませんでした。

それに、六十四の各卦の状況や事柄を説明する言葉である卦辞《かじ》（彖辞《たんじ》：断じるという意味）が加わりました。これは紀元前千百年ごろの周の文王《ぶんのう》が作ったと伝承されています。一つの卦を構成する六つの画をそれぞれ爻《こう》と呼びます。爻の位置によって、起きることの有り様が変化します。この各爻のそれぞれの説明である爻辞《こうじ》（象辞）が、さらに加えられました。これは文王《ぶんのう》の子の周公旦《しゅうこうたん》が作ったといわれています。こうして易経の経文《けいぶん》としての本体ができたのです。その後、紀元前五百年ごろに、孔子が易経の経文の解説として十の文章（十《じゅう》翼《よく》）を作ったというのが通説になっています。どれも太古の話ですから確かな証拠はありません。

【十翼】

- 六十四卦のそれぞれの卦辞《かじ》（彖辞《たんじ》）の解説。六爻《こう》全体の形から意味を説いた「彖伝《たんでん》」（上下二篇）
- 六十四卦のそれぞれの卦と爻の象について説明した「象伝《しょうでん》」（上下二篇）
- 易全体の意味を哲学的に説いた「繋辞伝《けいじでん》」（上下二篇）
- 乾《けん》、坤《こん》の二卦を詳しく解説した「文言伝《ぶんげんでん》」
- 易の概論と八卦の象徴を示す「説卦伝《せっかでん》」
- 六十四卦の順序について説明した「序卦伝《じょかでん》」
- 六十四卦の各卦の意味を一語で要約した「雑卦伝《ざっかでん》」

その後、孔子の弟子たちによって、漢の時代の占いを中心とした易学が発展し、大変複雑な解釈をするようになりました。三国時代の二百四十五年ごろに、魏の王弼《おうひつ》という二十三歳で夭折した天才が、シンプルで老子の考えにそった易の解説を書き、これが唐の時代の易の教本の元になりました。宋の時代の千百年ごろには、程伊川《ていいせん》という人が易経の解説書である「易伝《えきでん》」を書いています。そこでは占いを目的とするよりも道徳的な学問実践のテキストとして易を扱っています。その数十年後に朱子が「易経本義」という解説書を出しました。現代の日本の易の研究者の方は、程伊川と朱子の解説を基本的なテキストとしている人が多いようです。

易経の参考図書

現代に易を学ぼうとした場合、あまりに多くの本が出ているので、どこから手をつけて良いか迷ってしまいます。易経の解説本は、大別すると、東洋思想の学者が書いたものと、易占《えきせん》の専門家が書いたものの二つに分かれています。学者が書いた本は思想としての解説が中心で、易経の背景にある道徳観が良く分かります。易占を職業としている人が書いたものは、占いの教本として、どのような出来事にどう処置すべきなのかについて、具体的に良く分かるようになっています。どちらの本からも学ぶところは多いと思います。興味と時間がある人は、ぜひ両者を学んでいただきたいものです。

しかし、忙しいのでとりあえず、いま生きていく上での羅針盤《らしんばん》が欲しいという方のために、本書は両方のエッセンスをまとめています。あくまでも本書は、初心者が日々の生活に占いを活かしていくための実用入門書で、易経全体をカバーしているものではありません。易経に興味を持たれて、より深く学んでみたい方には、以下の書籍をご覧になることをおすすめします。

私は長年、熊崎健翁著、加藤大岳校訂の「易占の神秘」（紀元書房刊）に親しんできて、他の人にもすすめてきました。この本自体の意図が、易経を実用書としてコンパクトにまとめることにあったとあります。しかし、易の本を幅広く出版していた紀元書房が閉店されたので、この本は残念ながら絶版になってしまいました。この本が絶版になっていなかったら、私は自分で易の解説書を作ろうとは思わなかったでしょう。

次に、私が丹念に何度も読んで、ノートがわりにいろいろ書き込みをしたのが、岩波文庫の「易経」上下、高田真治・後藤基巳著です。価格も安くて手頃ですが、古文が苦手な初心者に通読してもらうことは期待しづらいかもしれません。

とりあえず易経とは何かを知りたいのであれば、安岡正篤著の「易学入門」（明徳出版社刊）がおすすめです。安岡先生の思想に触れるというだけでも価値がありますし、薄いので通読できます。ただし、漢文の読み下し文がなく、卦の説明はさらっとしているので、占いを目的とするのだと、もうちょっと説明して欲しいという印象を持つかと思います。

きちんと易を学問的に勉強するのに、易の入口として定評があるのが、本田濟著「易」（朝日選書）ですが、結構分厚い本です。朱子の解説書を基にした中村璋八・古藤友子著「周易本義」（明徳出版社刊）は、本の装丁は難しそうに見えますが、内容は分かりやすく、二百九十ページ程で手頃です。

また、占い方を深く学ぶのなら、加藤大岳著「易学大講座」全七巻がありますす。これも紀元書房で絶版になってしまいました。惜しいことです。

私が一番感銘を受けたのは、公田連太郎著「易経講話」（全五巻、明徳出版社刊）です。この本のおかげで易経を本質的に深く知ることができたと思います。

内容は分かりやすく、要点が何度も繰り返されていて、禅の老師の提唱を聞いているような気迫を感じました。もっと若いころにこの本を読んでいたなら、さまざまな疑問が早めに解消していただろうと思います。

易経の卦と爻

易の六十四卦《か》は、人間が遭遇《そうぐう》するさまざまな変化のパターンを表している六十四の物語といえます。一つの卦で人生や物事の変化の主要なテーマを示し、卦を構成する六つの爻《こう》の位置で、細かな変化の様相を表しています。同じ卦でも、その爻の位置によって吉凶禍福《かふく》が異なるのです。どの爻にあるのかで、変化の局面や遭遇する状況が分かり、これから発展するのか衰えるのか、進むべきか退くべきか、どのように対応すればうまく行くかなどの機微《きび》を摑《つか》むことができるようになっているのです。

易経の卦辞《かじ》や爻辞《こうじ》といわれる説明の言葉は、その状況を表す物語の基本的なパターンを表すメタファー（喩《たと》え）になっています。たとえば、「大きな川を渡ってもよろしい」とあっても、実際に川を渡るわけではなく、思いきって挑戦してもうまく行くことを表しています。「狩りをしても獲物《えもの》がない」といえば、何かに取り組んでも収穫がないことです。このように、一読しただけでは何のことをいっているのか分かりづらいと感じるかもしれませんが、自分がいる状況や課題に置き換えて理解するようにすれば、そこに適切な示唆《しさ》を読み取ることができます。読んでぱっとこのことだと早合点せずに、自分がいま遭遇しているさまざまな状況に照らして、どの出来事やどの人物のことを指しているのか思いめぐらしてみることが大切です。

六つの爻は、一番下を初爻《しょこう》と呼び、二番目を二爻、そして三爻、四爻、五爻と続き、六番目を上爻《じょうこう》と呼びます。各爻の位置関係が意味することは、その卦で扱うテーマによって観点が変わります。ある場合は、初爻が時間の初めの状況を示し、それから時間が経過して、上爻が終わりを表しています。

爻の位置によって、身分を表していることもあります。

初爻は、昔では庶民にあたります。一般人です。現代の会社でいえば一般社員にあたります。

二爻は、昔では士《し》や官吏《かんり》です。会社では、課長・マネージャーにあたるでしょう。

三爻は、大夫《たいふ》といわれる高い地位の官吏を表します。会社では、部長・シニアマネージャーです。

四爻は、大臣。会社では役員クラスになります。

五爻は、昔では天子《てんし》、皇帝、王です。会社では社長・CEOにあたります。

六爻は、位のない人です。天子の師匠だったり、世間の外にいて超然としている人です。会社では会長や顧問にあたるでしょう。

陰陽とは

六つの爻の位置も重要ですが、さらに陰陽《いんよう》を見ていくことが易のダイナミクスを理解するうえで大切です。易の思想では、宇宙の本源として太極《たいきょく》があり、そこから陰陽が生じるとします。陽は、積極であり、動であり、進むことを表し、明るく、外に発揮するものです。陰は、消極であり、静であり、退くことを表し、暗く、内に蓄積するものです。陽と陰を天と地、また男性と女性に捉えても良いですし、父性と母性に捉えても良いでしょう。またプラスとマイナスに当てはめても理解しやすいと思います。

易では、この陰と陽によって、全ての自然が成り立っており、陰陽のバランスの変化が天地の運行や万物の変化を生み出していると考えます。この世界の物事の全てが、陰陽で説明できるとします。十七世紀の数学者で二進法を確立したライプニッツは、大昔の易経に二進法があったことに驚いたそうです。

八卦の意味

陽を一本の棒の画《かく》で表し、陰を真ん中が欠けた棒の画で表します。陽を二画重ねると強い陽になり、陽の上に陰が乗っている二画はやや弱い陽を表します。さらにもう一画乗せて三画にすると、八つのパターンができます。これを八卦といいます。易経では、この陰陽の三つの画で、人物の属性や物や動物などの表象《ひょうしょう》としています。次ページの図にあるように、八つの卦はその特性によって、乾《けん》、兌《だ》、離《り》、震《しん》、巽《そん》、坎《かん》、艮《ごん》、坤《こん》と名付けられています。また、それを自然に当てはめて、天《てん》、沢《たく》、火《か》、雷《らい》、風《ふう》、水《すい》、山《さん》、地《ち》とも呼びます。この名称と順番を覚えておくと、実際に占うときに便利です。

この卦を上下に二つ重ねると、八つの卦と八つの卦の掛け算になりますので、合計六十四卦になります。それぞれの卦に爻が六つありますので、易経には三百八十四の物語があるわけです。それぞれの卦とその爻の意味を、易経は解説しているのです。

卦	働き	自然	人間	属性	動物	身体	方角
☰	乾《けん》	天	父	健	馬	首	西北
☱	兌《だ》	沢	少女	説《よろこぶ》	羊	口	西
☲	離《り》	火	中女	麗《つく》	雉子	目	南
☳	震《しん》	雷	長男	動	龍	足	東
☴	巽《そん》	風	長女	入	鶏	股	東南
☵	坎《かん》	水	中男	陥	猪	耳	北
☶	艮《ごん》	山	少男	止	犬	手	東北
☷	坤《こん》	地	母	順	牛	腹	西南

八卦の表象

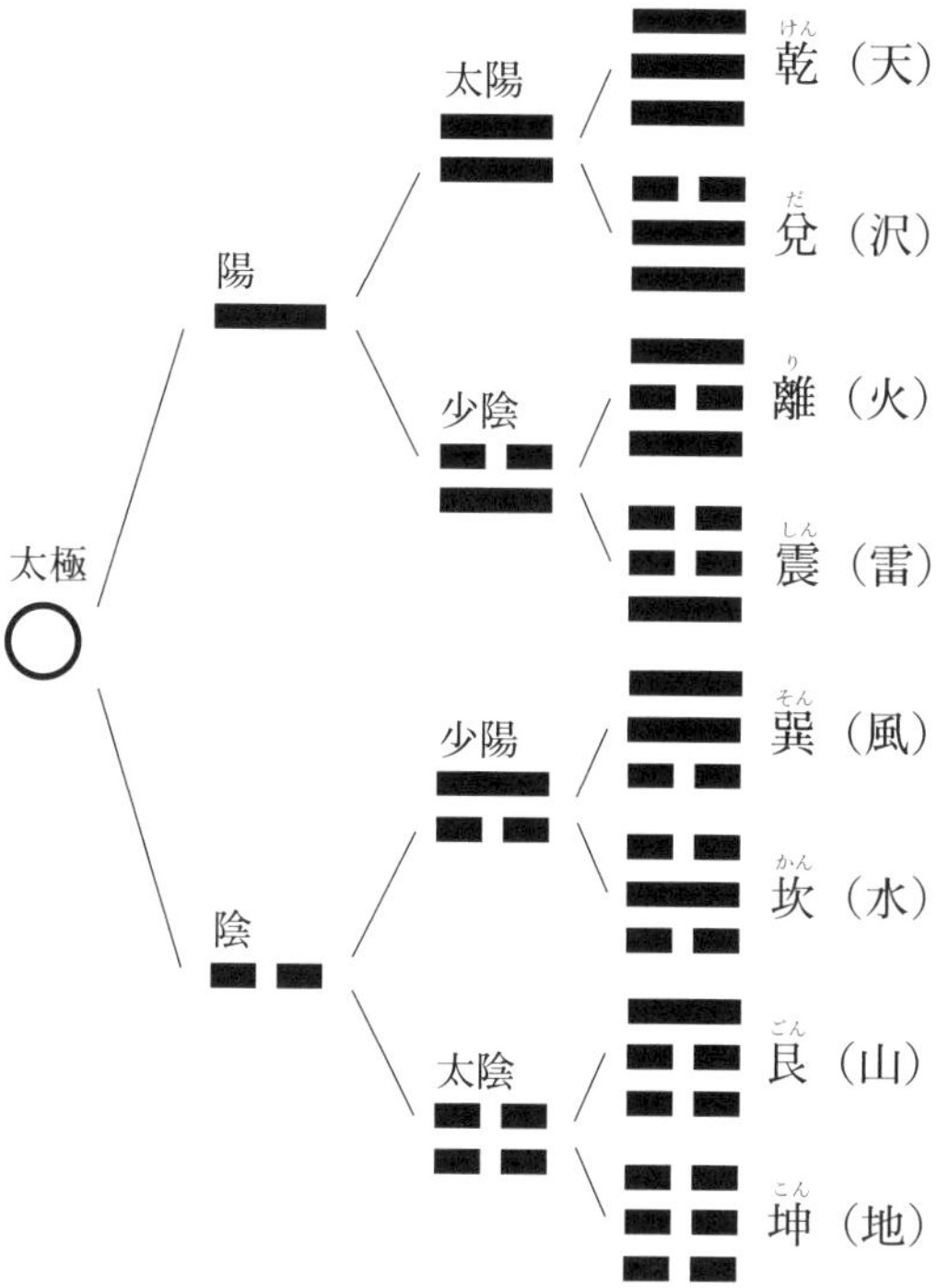

卦の成り立ち

位と応と比とは

それぞれの卦《か》の中の爻《こう》の位置とその陰陽《いんよう》を見ることで、占う対象となる人物の道徳・才能の高さを読み取ることもできます。また、他の爻との位置関係を見ることで、周囲の人物との相互関係も分かります。

陰陽の正しい位置は、次のページの図で示したように、初爻《しょこう》が陽位、二爻が陰位、三爻が陽位、四爻が陰位、五爻が陽位、上爻《じょうこう》が陰位になります。陽位に陽があれば位が正しいといいます。同様に陰位に陰があれば位が正しくなります。すべてが正しい位にある卦は水火既済《すいかきせい》です。

六つの爻で構成されている卦の四爻から上爻を上卦《じょうか》と呼び、初爻から三爻までを下卦《げか》と呼びます。上卦でも下卦でも、最も尊ばれる位置は、それぞれの真ん中の位置で、五爻と二爻になります。これを中《ちゅう》と呼びます。五爻で陽ならば、これも中で位が正しくて良いとします。また、二爻で陰ならば、これも中にしてかつ位が正しいのでとても良いとします。その次に良いとされるのは、中だけれど位が正しくないもの、三番目は位が正しいけれども中でないもの、最も悪いのは中でもなく位も正しくないものになります。これらの位と陰陽によって、対象の人物の道徳や人格の高さの判断、出来事の吉凶が変わってくるのです。

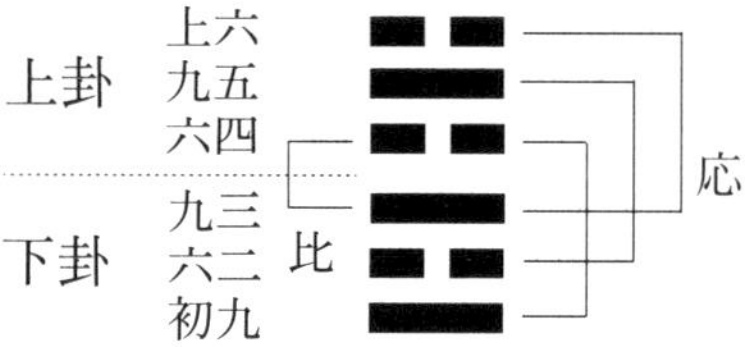

一人の人物だけが才能や徳を備えていても、ことは順調に進みません。その人を助け協力してくれる人がいなければならないのです。その相互関係を判断するのに応爻《おうこう》と比爻《ひこう》の関係を見ます。応という関係は初爻と四爻、二爻と五爻、三爻と上爻の三つを見ます。それぞれが陰と陽という組み合わせであれば、相応《あいおう》じ親しむことができますので、応じているとして助け合う良い関係だと考えます。応で特に重要なのは、二爻と五爻が陰と陽で正しく応じていることです。逆に陰と陰、陽と陽という組み合わせでは背《そむ》きあってしまうので、協力関係は築けません。磁《じ》石《しゃく》がプラスとプラスでは弾《はじ》き合ってしまうのをイメージしていただくと良く分かります。比というのは、隣り合っている爻どうしが、陰と陽で親しみ助ける関係をいいます。

こういった八卦《か》の表象や位置の関係性を踏まえて、易経の卦辞《かじ》や爻辞《こうじ》の説明文ができています。応や比が分からなくても、占うのには差し支えがありませんが、これらに注意を向けてみると、易経を読み込む面白さが増してきます。

占い方（略筮法）

易の占いは、原則的には筮竹《ぜいちく》を用いて行います。三十センチから四十五センチの長さの細い竹でできた五十本の棒です。通販サイトで、四千円前後で購入することができます。購入したときには、五十一本入っている場合が多いので一本を予備に取っておきます。この筮竹を用いて卦を出すのですが、その方法にはいくつかあります。

現代では、ほとんどの人が簡便な略筮法《りゃくぜいほう》を用いていると思いますので、ここでは略筮法を解説します。

占うときには、心が静まっていなければなりません。心や周囲がざわついているときには、占わない方が良いでしょう。まず座っている姿勢を正し、深呼吸などをして、身体の力を抜いて、自分の心が穏《おだ》やかになるようにします。神社の神前で手を合わせて拝むような意識の状態を思い出してください。たとえば、天というか神というか、大いなる宇宙の意識といっても良いかもしれませんが、人間の五感では捉《とら》えることのできない、目に見えない自然や物事の流れに耳を澄ませるようなイメージです。そのような心の状態になるように意識しながら、五十本の筮竹を縦にして、筮竹の下の部分を左手で持って、右手のひらで筮竹の中程の部分を支え、額の辺りにささげ持って、自分の問いに集中します。

問いを立てる

占うには当然ですが、何について知りたいのかを明らかにしなければなりません。そこで、問いの立て方が重要になります。これは私流《わたくしりゅう》かもしれませんが、「どうしたら良いのでしょうか?」という問いは適切ではないと思っています。なぜならば、人間は主体的選択をする意思を付与された動物だからです。占いに出た通りに生きていくのでは、人生の中で自律的な選択を行い、その結果を振り返ることによって学ぶという、大切な機会を放棄してしまっていることになります。それは、人間らしい生き方とはいえない気がします。

そこで、占うときには、「このようにするのはどうだろうか」とか、「いまの自分の置かれた状況はどうだろうか」とか、「この状況の中で自分はどのような態度姿勢でのぞんだら良いのだろうか」といった自分の意志を込めた問いを立てるのが良いと思います。

問いを立てるときの心の動機は、占いの結果に大きく影響してきます。いまある状況や出来事は、それが発生する以前に原因があって、その結果として起きていることです。原因があったら、その結果が熟してくるのを避けることはできません。原因は自分の思い方や行動にあり、それに周囲の環境や状況の変化が影響して、さまざまな局面が立ち現れてきます。人生は原因と結果という因果の法則の中で織《お》り成されていきます。

仏教では善因楽果《ぜんいんらくか》・悪因苦果《あくいんくか》といわれていて、善い原因があれば必ず善い結果があり、悪い原因があれば必ず悪い結果があるといいます。いかなることも、この因果の法則を曲げることはできないのです。自分がとった行動だけでなく、心の中で何かを思うとか考えるということも原因になります。同じ行為をしたとしても、その動機のあり方で結果が変わってきます。自分の利益を考えて行ったことと、他人への慈悲の心で行ったことでは、運勢的には変わって行くのです。目先の利益を得ることと、道徳的な徳を積むことは異なります。自分の出世や金銭的な利益を得ても、徳を積んでいないと、良い状態は長続きはしない傾向があります。正しい道を固く守って、人々を大切に思いやり、苦しみを救い、喜びや安心を与えるといった徳を積むことで、自分も幸福になると、易経でも仏教でも共通して説かれています。

そこで、「何かをすることはどうだろうか」と占う場合には、それが自分にとって利益になるかどうかという観点で問うのか、相手のために良いことなのかどうか、家族や仲間のためになるのかどうか、人々のためになるのかどうかといった、どの観点で問うのか、その目的に対する自分の心の姿勢も明確にすることが大切になるのです。つまり、占いをするときには、こういう姿勢でこれをしたらどうなるのかを聞くわけです。その姿勢つまり動機という条件が違えば、原因が変わるわけですから、占う結果も変わってきます。

易を使って、賭け事や悪事がうまく行くかを占うのは、無駄なことですので、やめたほうが良いでしょう。天や神はそういうことに答えないと思います。

私の乏しい体験から感じるのですが、占う問題について強い願いを持った競争関係にいる人が大勢いる場合は、原因結果の関係が非常に複雑になるので、占った時点ではそういう傾向があったとしても、占いと実際の結果は異なることが多い気がします。逆に原因結果の関係が自分だけに閉じているような問題ほど、関係性がシンプルなので、占いが的中しやすいと思います。

自分や他の人の病気について占いたくなることがあると思いますが、これは難しい問題です。専門家は占うこともできるようですが、経文《けいぶん》には書かれていない高度な知識が必要とされるので、初心者が自分で占うのは避けた方が望ましいようです。素人判断で重大な過ちを犯す恐れがあります。

占う前には、その問題について、自分だったらこのように考えるなという答えの仮説を考えてみるようにしたいものです。「人事を尽くして天命を待つ」といわれるように、自分の経験に照らし、客観的な検討を十分加えて、自分なりの判断をしたうえで占うようにすると、自分の考え方のズレや見立ての違いに気づくようになり、視座を高めることができます。

A案とB案のように、二つの選択肢があった場合は、A案はどうか、B案はどうかとそれぞれを占うと良いでしょう。どっちでも良い場合があるし、どちらも良くない場合もあります。

人生の大事な選択について占うと、若い人にはさまざまな選択肢の可能性があることに気づきます。若い人は、どの選択肢を選んでも吉になるような印象です。禅の語録に、「大道無門《だいどうむもん》、千差路有《せんさみち》り」という言葉がありますが、若いときにはどこの門から入っても人生の高みにたどり着く可能性があるのでしょう。しかし、五十歳を過ぎると選択肢は限られてくるようです。実際は、どんな人にも必ず道は開かれていて、閉じられていることはないのですが、その門を見つけるのが難しいのです。

易を始めたばかりの人は、あることについて占って、易経を読んでも、占いの結果の意味が分からないことがよくあります。本当は答えが卦《か》に出ているはずなのですが、知識や喩《たと》えを理解する力が足りないので理解しづらいのだと思います。もう一度占いたくなるときがありますが、易は三筮《さんぜい》すれば汚《けが》れるといわれていますので、同じことを二度続けて占わないようにします。そこで私流ですが、卦の意味が分からない場合は、それをやらなかったらどうかと、逆を占ってみます。そのように表と裏から見れば、理解が進むと思います。

略筮法の手順

問いを決めたあと、略筮法《りゃくぜいほう》で卦を出す手順は次のようになります。

先に解説したように、筮竹《ぜいちく》を両手で持って額あたりに捧げて、心を鎮《しず》めて意識を集中します。

五十本の筮竹《ぜいちく》から、一本を抜いて、それを筮筒《ぜいとう》に立てます。これを太極《たいきょく》といいます。アンテナのような物だと考えて良いと思います。立てることに意味があるので、筮筒はペン立てや箸《はし》立てのようなものを代用しても構わないでしょう。ただし、穢《けが》れがないように、易の専用にしておきたいものです。

残りの筮竹四十九本を束ねて、左手で下部を握り、右手の手のひらに筮竹の中程を載せて、扇を少しだけ開くように筮竹の上部を広げます。

心の中で、占いたい問いに集中して、「〇〇はどうでしょうか」と念じながら、右手の親指で、気合を込めて筮竹を二つに割るようにします。そのときは、このあたりでどうかなどと迷わずに一気に割ることが大切です。

右手に持った筮竹を自分の右前に置きます。そこから一本を取り、筮竹を握っている左手の小指と薬指の間に挟《はさ》みます。これは天と地の間にいる人をかたどっているのです。

左手に残った筮竹をやや扇状に広げて、右端から、右手の指で、左手に残った本数を二本ずつ数えていきます。二本とって、心の中で春《しゅん》と言い、次の二本をとって夏《か》と言うように、春夏秋冬と八本ずつはらっていきます。八本ずつ割り切れなくなったら、残った本数を数えます。その残った本数に小指に挟んだ一本を足します。そうすると、一から八までのいずれかの数になります。これで下の卦がでました。下の卦の名称を紙に書きとめるか、陰陽をかたどった算《さん》木《ぎ》を並べておくようにします。算木は陰陽が描かれた角形の木の棒で、これも通販サイトで購入できます。これは私流ですが、その数字を分数の分母のところに書いておくようにしています。

次は、上の卦を出します。右側に置いてあった筮竹をとって、四十九本をまとめて持ちなおします。先ほどと同様に、占いたいことを念じて、親指で筮竹を二つに割ります。前と同じ手順で八はらいを行って、残った本数に一を足して卦を書きとめます。私は、その本数を分数の分子のところに書きます。これで上の卦が出ましたので、六十四卦のどの卦なのかが分かります。

三度目は、どの爻《こう》（爻変《こうへん》）にあたるのかを出します。ほぼ前と同じ手順を繰り返しますが、違うところは、左手に残った本数を数える際に、六本ずつはらっていくところです。天地人《てんちじん》と言いながら、二本ずつ六本はらっていくのが良いでしょう。残った本数に小指の一本を足すと、一から六の間の数になります。この本数を書きとめておきます。私は、先ほどの分母と分子の脇にこの数字を書いておきます。算木の場合は、該当する棒をずらします。これで占いは完了です。

上下のそれぞれの卦は、一本ならば天《てん》、二本ならば沢《たく》、三本で火《か》、四本で雷《らい》、五本で風《ふう》、六本で水《すい》、七本で山《さん》、八本で地《ち》となります。天沢火雷風水山地と順番を覚えてしまうと早く占いができるようになるでしょう。

爻変《こうへん》は、一本ならば初爻《しょこう》になり、二爻、三爻、四爻、五爻と続き、六本ならば上爻《じょうこう》になります。それぞれの爻の陰陽によって、呼び名が変わります。易では奇数が陽で、偶数が陰を表します。陽を九《きゅう》とし、陰を六《りく》とします。初九《しょきゅう》、六二《りくじ》、九三《きゅうさん》、六四《りくし》、九五《きゅうご》、上六《じょうりく》などと易経に表されています。なぜ六と九というのかは、さまざまな解釈がありますが、はっきりとした理由は分かっていません。私が気に入っている説明は、陰は万物を育む大地を表しているので方形になり、二辺があるので、二を三画重ねて六となり、陽は天を表していて丸形ですので、円周率の三を三画重ねて九となるというものです。

ダイスを使って占う

略筮法《りゃくぜいほう》よりも、もっと簡単な占い方として、占い用のダイス（サイコロ）やコインを用いる方法があります。占いの専門家の中には、ダイスを避ける方も多いかと思います。私の経験では、ダイスでもきちんと卦が出せるようです。自然界は、さまざまな事象《じしょう》を通して私たちに自然界の流れや、運命の流れなどを指《さ》し示してくれていると思いますので、それにアクセスする道具は、どんなものであっても、問う人間の心の姿勢が真摯ならば有効かと考えています。易《えき》占《せん》用のダイスは、持ち運びが楽で、占う時間も短く、集中しやすいメリットがあります。忙しい方や仕事先・旅先などでは重宝するでしょう。易の専用のダイス（三つ使う）が通販サイトなどで販売されています。黒色の八角ダイス（下《げ》卦《か》）と赤色の八角ダイス（上卦《じょうか》）と六角の爻のダイスをセットでそろえてください。

占いの結果を読む

占った結果を見るには、易経の経文《けいぶん》を読みます。まず最初に、占って出た卦全体を説明した卦辞《かじ》という文章を読んでみましょう。漢文の読み下し文は難しいと思いますが、響きを味わっていただきたいものです。次に解説を読んでみてください。そうすると、この卦がどういった物語、パターンを扱っているかが分かります。

卦辞《かじ》の解説の言葉がとても景気が良く前向きだとか、または暗く重いとかで一喜一憂してはいけません。爻のどこにいるかで吉凶が分かれるからです。卦としてはとても良いのですが、爻によっては良くないことがあります。最悪と思われる卦でも、爻によっては抜け出すための出口があったりします。

そこで次に、占って出たところの爻の爻辞《こうじ》といわれる解説を丁寧に読むようにします。そこにいまの状況と、それに対してどのような行動をとったら良いかが示されています。くれぐれも文末にある吉凶だけを見て判断しないようにしたいものです。それは、条件付きの吉凶が多いからです。徳があればとか、心を正しく守ればといった条件を忘れて、うまく行くと信じて行動して、期待した結果が出ないで、易に不信感を持つことがないようにしたいものです。

占ったことに対して、全く見当違いの説明が載っていると感じるときは、解説にある喩《たと》え（メタファー）を自分の問題に置き換えることができていないのかもしれません。また、心がざわついたまま占ったとか、占うセンスが自分に不足しているとか、まだ心の準備が整っていないなど、自分が原因で占えていない恐れがあります。

易の吉凶

易経には、吉《きち》、凶《きょう》、悔《くい》、吝《りん》、咎《とが》なしという言葉がよく出てきます。吉は説明するまでもなく、福があるということです。元吉《げんきち》は大いに良いという意味で大吉に当たります。凶は、災難や困難に見舞われることです。悔《く》いは、凶よりも吉に近く、本人が反省するので、吉に進む傾向があります。吝は吉よりも凶に近くなります。吝は、本人が反省しないので、凶に進んでいく傾向があります。また現在では、吝はけち臭いという意味で使われますが、易では小さいキズがある状態をいいます。正しい道に対して何か大切なことが欠けている状態です。咎なしというのは、災難がないということです。本来なら咎められる過失があるべきなのに、それが補《おぎな》われていて救い出されている状態です。咎なしだから、大いにことを行っても問題がないということではありません。

人と人や、人と物が直《じか》に接触し合うと吉と凶が生じるとされています。直に接触せずに、人や物に対して心の中で何かを求めたり望んだりしている状態では、悔いと吝が生じるということです。

良い順番で並べると、元吉、吉、咎なし、悔いあり、吝、凶になります。占って、悔いありや吝や凶が出たら、占ったことを進めるのは、やめておいた方が良いでしょう。

易は羅針盤

易は未来予知ではありません。運命は、傾向はあるものの常に流動的で、自分で切り開いていくものだと考えます。占った結果が吉と出たから、必ず上手くいくと考えるべきではありません。易は、例えれば羅針盤《らしんばん》のようなもので、人生の怒濤《どとう》のような流れの中で、いまこの瞬間にどちらに向かうべきかを示してくれるものです。

人に道を尋《たず》ねたら、その角を左に曲がれといわれたようなものです。しかし、しばらく行ったら、今度は右に曲がらなくてはならないことがあります。易はその都度《つど》ごとに、道を示しているのであって、左へ行けといわれたからと、左に行くことにこだわり続けてはいけないのです。変化の機微《きび》をつかんで、また道を尋ねるべきなのです。定期的に自分を振り返る意味で、いま私の状態はどうでしょうか、正しい道を歩んでいるでしょうかと占ってみるのも良いでしょう。

自分が本当に正しい志《こころざし》を持ち、正しい道を歩み続けることができたら、易で占う必要はなくなるといわれています。自然界に春夏秋冬の変化があるように、人生にも成長発展していく時期があれば、衰退していく時期もあります。これは誰も避けることはできません。朝には太陽は必ず昇るし、夕暮れになれば必ず沈みます。占う必要がないというのは、起きるべきことは起きるので、起きた出来事に対してはそのまま受け止めていくということです。そして、それに対処する方法は、道徳や仏教などの法《ほう》に照らせば自《おの》ずと明らかだからです。調子の良いときには有頂天《うちょうてん》にならずに自重《じちょう》して謙虚でおり、苦難のある厳しい状況では静かに忍耐して自分の知識や徳を磨くだけです。

易は、ものごとの正しい道理を学び、目指したい価値を明らかにし、その道筋を工夫し、自分が持って生まれた天性を十分に発達させ、努力して力を発揮し続けるためにあるのだと思います。

易経

1 乾《けん》為《い》天《てん》

乾《けん》は、元《おお》いに亨《とお》る。貞《ただ》しきに利《よ》ろし。

乾《けん》は、純粋に陽なるもの、充実したもの。天である。天は、全宇宙に行き渡り、過去現在未来に行き渡っている、万物を創造する根源的な力のこと。天のエネルギーは、休むことなく力強く働き続け、いかなるものもそれをさまたげることはなく、ものごとが順調に進んでいく。行うことが正しい道にかない、その正しい道を固く守っていくのが良い。勢いに任せすぎてはいけない。

＊「乾《けん》は元《はじ》まり亨《とお》り利《よ》ろしく貞《ただ》し」という読み方がある。乾《けん》の元《げん》の徳は、万物を生成し、養育して盛んにさせ、それぞれに利となるところを得させ、正しいところにしっかりと安住させるものである。

初九《しょきゅう》。　潜龍《せんりょう》。用《もち》うる勿《なか》れ。

たとえば、地の中、深い淵の底にひそんでいる龍である。潜在的な可能性はあっても、まだ実力が備わらないので活躍するときではない。ときが来るのを待つべきである。

九二《きゅうじ》。　見龍田《けんりょうでん》に在《あ》り。大人《たいじん》を見《み》るに利《よ》ろし。

地の上に現れた龍である。ようやく世間に少し認められるようになる。目上の賢者の教えを受けるようにすると発展できる。

＊人々はこの人物にお目にかかって教えを受けるべきであるという解釈がある。

九三《きゅうさん》。　君子終日乾乾《くんししゅうじつけんけん》とし、夕《ゆう》べに惕若《てきじゃく》たれば、厲《あや》うけれども咎《とが》无《な》し。

道徳のある賢人は、日中には片時《かたとき》も怠《おこた》らずに努力して勉強や仕事をし、夜には一日を振り返って深く反省して自分を戒《いまし》めれば、危ない位置にあっても災いを受けない。

九四《きゅうし》。　或《ある》いは躍《おど》りて淵《ふち》に在《あ》り。咎无《とがな》し。

たとえば、龍が躍《おど》りあがって高く飛びあがることがあるが、またくだって淵《ふち》の中に潜《ひそ》んで力を養うので、過失がない。

ときには、上下の板挟《いたばさ》みになって進退などの決断に迷うことがある。進むべきときには進み、退くべきときには退くようにする。好機《こうき》と見たら進んだ方が良い。有頂天《うちょうてん》にならないようにすれば災いはない。

九五《きゅうご》。飛龍天《ひりゅうてん》に在《あ》り。大人《たいじん》を見《み》るに利《よ》ろし。

たとえば、高く天に飛びあがっている龍である。

あらゆる条件が備わっているので、万事が順調に行く。すぐれた相談相手を得ると良い。

＊「徳のある聖人が位を得るときは、人々がこれを仰ぎ見る」という解釈がある。（文言伝《ぶんげんでん》）

上九《じょうきゅう》。亢龍悔有《こうりょうくいあ》り。

たとえば、あまりに高く昇《のぼ》り過ぎて、雲のないところまで行った龍である。雲がないので自由な働きができずに後悔する。

上に昇《のぼ》り詰め過ぎて、傲慢《ごうまん》になり、補佐する者もいない。必ず後悔することになるので、退くべきである。

用九《ようきゅう》。群龍首《ぐんりょうしゅ》无《な》きを見《み》る。吉《きち》。

たとえば、あらゆる龍を見たときに、頭が雲の中に隠れて、外にあらわれていないのが良い。

自分の強みを外にあらわさず、才能をひけらかさず。自分の道徳の高さを誇らず。柔和で控えめにするときは吉である。

組織についていては、多くの力ある者がいて、先頭に立つ者がいないように見えるのが、良い状態で吉である。

＊用九は略筮法《りゃくぜいほう》では該当しない。また、用九は、六十四卦の中のすべての陽爻《ようこう》を用いる方法を説明しているという説もある。

2 坤為地《こんいち》 ䷁

坤《こん》は、元《おお》いに亨《とお》る。牝馬《ひんば》の貞《てい》に利《よ》ろし。君子《くんし》往《ゆ》く攸《ところ》有《あ》るに、先《せん》ずれば迷《まよ》い、後《おく》るれば主《しゅ》を得《え》。西南《せいなん》に朋《とも》を得《え》、東北《とうほく》には朋《とも》を喪《うしな》うに利《よ》ろし。貞《てい》に安《やす》んずれば吉《きち》。

坤《こん》は万物を育む根源的な存在である。ものごとが始まり、成長して、それぞれがところを得る。歩み続ける雌馬のように、従順で正しさを固く守っていれば良い結果になる。利よりも正義を重じて、自分が先頭に立たずに、目上の人に従ってすることは良い。旧来の仲間や家族と離れて、同類ではない人と共同するのが良い。我を立てず、正しい道を堅固に守れば吉になる。

初六《しょりく》。霜《しも》を履《ふ》んで、堅冰《けんぴょう》に至《いた》る。

ささいなことだと思って続けていると、やがて非常に悪い事態になる。反省し慎重にすることが大切である。

六二《りくじ》。直《ちょく》・方《ほう》・大《だい》。習《なら》わずして利《よ》ろしからざる无《な》し。

正直で品行方正のために功徳が広大である。習ったことや経験がなくても、いかなる場合でもうまく行く。人の長となることがある。

六三《りくさん》。章《しょう》を含《ふく》みて貞《てい》にす可《べ》し。或《あるい》いは王事《おうじ》に従《したが》うも、成《な》すこと无《な》くして終《おわ》り有《あ》り。

才能や道徳を内に含んで外にあらわさず、ひけらかし誇ったりすることなく、正しい道を堅固に守るべきである。上からの命令によって仕事をしても、自分が主とならずに完了する。また自分が完成できなくても、後継者の助けで完成することができる。

六四《りくし》。　嚢《のう》を括《くく》る。咎《とが》无《な》く誉《ほま》れ无《な》し。

袋の口を閉じるように、散財をせず、言葉も慎《つつし》んでいる。誉《ほま》れはないが災難にもあわない。

六五《りくご》。　黄裳《こうしょう》、元吉《げんきち》。

高ぶらず自分の分を正しく守っていれば、大いに吉を得ることができる。

上六《じょうりく》。　龍《りゅう》、野《や》に戦《たたか》う。其《そ》の血《ち》は玄黄《げんおう》。

自分の利欲のために人との争いが起きてお互いが傷つく。謹慎《きんしん》していれば害を免《まぬが》れる。

用六《ようりく》。永貞《えいてい》に利《よ》ろし。

従順で志を変えずに、永久に正しく堅固な徳を守るのが良い。そうすれば最後には、大きな業績をあげることができる。

＊用六《ようりく》は略筮法《りゃくぜいほう》では該当しない。また、六十四卦のすべての陰《いん》が守る道として説かれているという解釈がある。

3
水《すい》雷《らい》屯《ちゅん》

䷂

屯《ちゅん》は、元《おお》いに亨《とお》る。貞《ただ》しきに利《よ》ろし。往《ゆ》く攸《ところ》有《あ》るに用《もち》いる勿《なか》れ。侯《こう》を建《た》つるに利《よ》ろし。

屯《ちゅん》は、ことが芽生えるときの困難なことをあらわす。物が生まれるときや、創業のときは必ず困難がある。この困難を通ることで、ものごとが始まり、それが盛んに伸び、それぞれがところを得て、正しく堅固な位置に安定することができる。困難に取り組むことで大いに通じるようになる。いまはみだりに進むことができない。誰かに治めてもらうのも良い。

初九《しょきゅう》。磐桓《ばんかん》たり。貞《てい》に居《お》るに利《よ》ろし。侯《こう》を建《た》つるに利《よ》ろし。

巨大な石の柱のように、正しい道を固く守り、正しいところに止《とど》まって動かない方が良い。聡明《そうめい》で志が正しい謙虚な者を人の上に立てるのが良い。

六二《りくじ》。屯如《ちゅんじょ》たり、邅如《てんじょ》たり、馬《うま》に乗《の》りて班如《はんじょ》たり。寇《あだ》するに匪《あら》ず、婚媾《こんこう》せんとす。女子貞《じょしてい》にして字《あざな》せず、十年《じゅうねん》にして乃《すなわ》ち字《あざな》す。

進もうと思うけれども進むことができず、やめて引き返す。馬に乗って進もうとしたけれども、引き返して家に戻る。大きな目的に取り組もうとするが、困難で滞《とどこお》っている。そこで、興味が引かれる簡単なものに引かれてしまうと大きな目的を成就《じょうじゅ》できない。惑《まど》わずに苦難を耐《た》え忍《しの》んだら好運におもむく。

六三《りくさん》。鹿《しか》に卽《つ》くに虞《ぐ》无《な》く、ただ林中《りんちゅう》に入《い》る。君子《くんし》は幾《きざし》をみて舎《や》むに如《し》かず。往《ゆ》けば吝《りん》。

たとえば、獲物を追うのに案内人がいないまま、軽はずみに林の中に入り、迷ってしまうようなものだ。いまはやめた方が良い。強いて進むと良くない結果になる。

六四《りくし》。馬《うま》に乗《の》りて班如《はんじょ》たり、婚媾《こんこう》を求《もと》めて往《ゆ》けば、吉《きち》にして利《よ》ろしからざる无《な》し。

進退を決められずに行き惑《まど》っている。才能のある目下の者の助けを得れば、行うことは吉で万事がうまく行く。

九五《きゅうご》。其《そ》の膏《あぶら》を屯《とどこお》らす。小貞《しょうてい》なれば吉《きち》、大貞《だいてい》なれば凶《きょう》。

美味しい脂身を全員に行き渡らすことができないように、人々に功績があってもそれに報《むく》いることができない。いまはみだりにことを起こすことができないので、小さな正しいことを積み重ねることは吉である。しかし、大きな正しいことはできない。小遣い銭はあっても大金はないような状態である。万事節約を旨《むね》とする。

＊正しく堅固に守っているだけでは、大きなことに対処することはできないので、破格の手を打たなければならないという解釈もあるが、筆者はこれをとらない。

上六《じょうりく》。馬《うま》に乗《の》りて班如《はんじょ》たり、泣血漣如《きゅうけつれんじょ》たり。

行き惑《まど》い、涙もかれて血の涙を流して泣いている。もうどうしようもない状態になった。
災いが尽《つ》きてようやく福運におもむく兆《きざ》しもあるので、いましばらく隠忍した方が良い。

4 山《さん》水《すい》蒙《もう》 ䷃

蒙《もう》は亨《とお》る。我《われ》より童蒙《どうもう》に求《もと》むるに匪《あら》ず。童蒙《どうもう》より我《われ》に求《もと》む。初《しょ》筮《ぜい》には告《つ》ぐ。再三《さいさん》すれば瀆《けが》る。瀆《けが》るれば則《すなわ》ち告《つげ》ず。貞《ただ》しきに利《よ》ろし。

蒙《もう》は蒙昧《もうまい》、蔓《つる》草がおおって暗いこと、未開発の状態。いまは知恵が明らかでなく蒙昧《もうまい》であっても、おおっているものを除き去れば、必ず学んで道を知り、明らかな徳を得られて、十分に伸びて盛んに発達するようになる。師たる者が勧誘して教えるのではなく、教わる者が師に願い求めて、初めて教えるようにする。たとえば、誠意を込めた最初の占いには答えを告げるが、二度三度と占いを繰り返すと神聖さが汚《けが》れるようなものだ。教わる者に、真摯《しんし》さがなく、半信半疑の気持ちで教えを求めるときには、道を汚《けが》すことになる。教える側も教わる側も、正しい態度を守ることが大切である。

初六《しょりく》。蒙《もう》を發《ひら》く。用《もっ》て人《ひと》を刑《けい》するに利《よ》ろし。用《もっ》て桎梏《しっこく》を説《と》く。以《もっ》て往《ゆ》けば吝《りん》。

無知《むち》蒙昧《もうまい》な能力の劣る人物を教育する。刑罰を設けて罪に染まらないようにする。厳しく刑罰を用いた後は、足かせ手かせを外《はず》すのが良く、そのまま厳しい処罰をしていると反駁《はんばく》されて恥を受けることになる。
＊足かせ手かせを外して、寛大にしていると、放逸になり、知能を啓発できなくなり、教えを受ける者も教える者も恥を受けることになるという解釈もある。

九二《きゅうじ》。　蒙《もう》を包《つつ》む、吉《きち》。婦《ふ》を納《い》る、吉《きち》。子《こ》、家《いえ》を克《よく》す。

能力に劣る者も、女性も広く受け入れるのが吉である。自分の子供に対しても同様にすれば、家を良く治めることができるようになる。

六三《りくさん》。　女《じょ》を取《めと》るに用《もち》いる勿《なか》れ。金夫《きんぷ》を見《み》れば、躬《み》を有《たも》たず。利《よ》ろしき攸《ところ》无《な》し。

いま積極的に近づいてくる者は、金銭や力のある者にすぐに寝返ってしまうような貞節のない者なので付き合わない方が良い。

六四《りくし》。　蒙《もう》に困《くる》しむ、吝《りん》。

自己の成長を図りたいと思っても導いてくれる者がいないので苦しむ。このままではまずい事態になる。師を求めて道を学ぶのが良い。

六五《りくご》。童蒙《どうもう》、吉《きち》。

自分が未熟で無知であることを知っているので吉。良い師に素直に従ってうまく行く。

上九《じょうきゅう》。蒙《もう》を撃《う》つ。寇《あだ》を爲《な》すに利《よ》ろしからず。寇《あだ》を禦《ふせ》ぐに利《よ》ろし。

能力の劣る者に対して厳しく鍛錬《たんれん》し磨くようにする。しかし、厳しすぎて傷つけたり憎しみを起こさせてはならない。恨《うら》みの心が起きないようにあらかじめ防いでおくのが良い。

5　水天需《すいてんじゅ》 ䷄

需《じゅ》は、孚有《まことあ》り。光《おお》いに亨《とお》る。貞《てい》なれば吉《きち》。大川《たいせん》を渉《わた》るに利《よ》ろし。

需《じゅ》は望みをもってときを待つことである。内にある徳が充実しているので、うまく行く。正しさを守って吉を得る。洪水《こうずい》が退くのを待つようにして、前に進めば成功を収めることができる。

初九《しょきゅう》。郊《こう》に需《ま》つ。恒《つね》を用《もち》うるに利《よ》ろし。咎无《とがな》し。

洪水《こうずい》のような前途にある障害から遠く離れた辺鄙《へんぴ》なところで時機《じき》を待つ。本業を守って妄動《もうどう》しないのが良い。そうすれば災難にあうことはない。

九二《きゅうじ》。沙《すな》に需《ま》つ。小《すこ》しく言《こと》あれど、終《つい》には吉《きち》。

水辺の危険に近い砂浜なので警戒をして待つ。多少の波乱や人からの非難などがあるが、ときを待てば最後には吉になる。

九三《きゅうさん》。泥《でい》に需《ま》つ。寇《あだ》の至《いた》るを致《いた》す。

さらに水辺の危険に近づいた泥地で待つ。敵から攻められると思って、急いで進んではいけない。進退が効《き》かなくなっても、慎《つつし》んでいれば災いを免《まぬが》れることができる。

六四《りくし》。血《ち》に需《ま》つ。穴《あな》より出《い》づ。

すでに危険に陥《おちい》り、争えば傷を被《こうむ》るようなところで待つ。自分の力が及ばないことを知って、上の人の教えに従い、辛抱《しんぼう》強く忍耐していれば、やがて困難な状況から抜け出ることができる。

九五《きゅうご》。　酒食《しゅし》に需《ま》つ。　貞《てい》なれば吉《きち》。

危険な中にありながらも、酒食を楽しむようにゆったりと、ときを待つ。人と親しみ、正しくしていれば吉である。

上六《じょうりく》。　穴《あな》に入《い》る。　速《まね》かざる客三人來《きゃくさんにんきた》る有《あ》り。　之《これ》を敬《けい》すれば終《つい》に吉《きち》。

出口のない危険な穴の中に落ち込んでいる。思いがけない客が三人来る。慎《つつし》んで敬意をもって対応すれば助けになり、最後には吉になる。

6 天《てん》水《すい》訟《しょう》

䷅

訟《しょう》は、孚《まこと》有《あ》りて窒《ふさ》がる。惕《おそ》れて中《ちゅう》すれば吉《きち》、終《お》うれば凶《きょう》。大人《たいじん》を見《み》るに利《よ》ろし。大川《たいせん》を渉《わた》るには利《よ》ろしからず。

訟《しょう》は争い。自分が正しいという思いがあっても、相手から妨《さまた》げ塞《ふさ》がれることによってやむを得ず争いが起きる。自《みずか》らおそれ慎《つつし》んで、ほどほどのところで止めて、中道にかなった行動を取れば吉だが、最後まで我《が》を張って強引に争いに勝とうとすれば凶である。是非《ぜひ》の判断を賢者に相談するのが良い。慎《つつし》みを破って大きな川を渡るような冒険をするのはよろしくない。

初六《しょりく》。事《こと》とする所《ところ》を永《なが》くせず。小《すこ》しく言有《ことあ》るも、終《つい》には吉《きち》。

訴えごとの問題を長引かせないようにする。多少のいさかいがあったり、小さな傷《いた》みがあるかもしれないが、争いをやめれば最後には吉になる。

九二《きゅうじ》。訟《うった》えを克《よ》くせず。歸《かえ》りて逋《のが》る。その邑人三百戸《ゆうじんさんびゃくこ》は、眚《わざわ》い无《な》し。

訴えごとに勝つ見込みはないのでやめる。引き下がって逃《のが》れるほかはない。そうすれば自分の一族・仲間も災いにあわずにすむ。

六三《りくさん》。舊徳《きゅうとく》に食《は》む。貞《てい》なれば厲《あやう》けれども終《つい》には吉《きち》。或《ある》いは王事《おうじ》に從《したが》うとも、成《な》すこと无《な》し。

人を訴えたくなっても、いままでの取り分で満足する。謙譲を旨として正しくしていれば、危《あや》ういことがあっても最後には吉になる。たとえ上からの命令でことを行うようになっても、先走って仕事をしたりしない。

九四《きゅうし》。訟《うったえ》を克《よ》くせず。復《かえ》りて命《めい》に即《つ》き、渝《か》えて貞《てい》に安《やすん》ずれば吉《きち》。

訴えることの非を悟ってやめる。自分の立場をわきまえ、一歩引き下がって上の命令に従い、訴えようとした心を変えて、道を失わないように正しくしていれば吉である。

九五《きゅうご》。訟《うった》え、元《おお》いに吉《きち》。

訴えに対して、正しく理非《りひ》を説いてとり裁《さば》く。争いがおさまり、大いに吉である。

上九《じょうきゅう》。或《ある》いは之《これ》に鞶帯《はんたい》（礼服である皮の大帯）を錫《たま》わるも、終朝《しゅうちょう》に三《み》たび之《これ》を褫《うば》わる。

強引に争いに勝って何かを手に入れたとしても、栄誉は長くは続かず、人々の憎しみを買って、それをすぐに奪われるような目に幾度もあう。

7 地《ち》水《すい》師《し》

䷆

師《し》は貞《てい》なり。丈人《じょうじん》なれば吉《きち》にして咎《とが》无《な》し。

師は衆、多数の人、または軍隊のこと。多数の人を引き連れて、戦争のような大事業をするには、困難な道を進みながらも、まず誰もが納得できる正しい道を固く守ることが根本である。統率する人が成熟した、道徳と才能のある立派な人物であれば、吉であって過失はない。

初六《しょりく》。師《し》は出《い》づるに律《りつ》を以《もっ》てす。否《しか》らざれば臧《よ》きも凶《きょう》。

集団を動かすには、固い規律をもってしなければならない。規律を失っては、一時的に勝利をおさめても、結局は凶になる。

九二《きゅうじ》。師《し》に在《あ》りて中《ちゅう》す。吉《きち》にして咎无《とがな》し。王三《おうみ》たび命《めい》を錫《たま》う。

成熟した立派な指導者が中央にいる。吉であって災いはない。周囲の者の支持や賞賛を受ける。

六三《りくさん》。師或《しあ》るいは尸《かばね》を輿《の》す。凶《きょう》。

気力があっても才能の乏しい不適格な指導者は、多くの死体を車に載せて帰ってくるような失敗をする。凶である。

六四《りくし》。師《し》、左《しりぞ》き次《やど》る。咎无《とがな》し。

勝てないと分かったら、安全な場所に軍を退き宿営させる。功も過失もないので災いはない。

＊「山陵を右背とし、水沢を前左にせんと欲す」漢書の韓信より

六五《りくご》。田《た》に禽有《きんあ》り。言《げん》を執《と》るに利《よ》ろし。咎《とが》无《な》し。長子《ちょうし》師《し》を帥《ひき》ゆべし。弟子《ていし》なれば尸《かばね》を輿《の》す。貞《てい》なるとも凶《きょう》。

禽獣《きんじゅう》が田畑を荒らすように、自分の領土に敵が攻めてきたら、その罪悪を宣言して、討伐を加えるようにすれば過失はない。ただし、徳も才能もある賢人に任さなければならない。実力も徳も乏しい人物に任せれば、敗退して死体を載せて帰るようになる。不適当な人物に任せたら、たとえその動機が正しくても凶である。

上六《じょうりく》。大君命有《たいくんめいあ》り。國《くに》を開《ひら》き家《いえ》を承《う》けしむ。小人《しょうじん》は用《もち》いる勿《なか》れ。

最も上に立つ者は、部下の功績を正当に評価する。高い成果をあげた者にはそれぞれの分に応じて、報奨《ほうしょう》を与え、役職に任じていく。しかし

道徳の低い小人には功績があっても、一時の金銭的な恩賞だけに止め、決して高い地位に任用してはならない。集団を乱す原因となるからである。

8 水《すい》地《ち》比《ひ》

䷇

比《ひ》は、吉《きち》なり。原《たず》ね筮《うらな》いて、元永貞《げんえいてい》なれば、咎《とが》无《な》し。寧《やす》んぜずして方《あまね》く來《きた》る。後夫《こうふ》は凶《きょう》。

比は人々が親しみ互いに助け合うことで、吉である。相手の人物についてあらかじめ人に尋ね、観察して推し量り、さらに筮《ぜい》によって占って、揺るぎのない正しい人物を選べば、間違いはない。このように人を選んで交わりを結んでいると、急いで四方から人々がやってくるだろう。時《じ》機《き》に遅れて交わりを求めていく者は凶である。

初六《しょりく》。孚《まこと》有《あ》りて之《これ》に比《ひ》すれば、咎无《とがな》し。孚《まこと》有《あ》りて缶《ほとぎ》に盈《み》つるごとくなれば、終《つい》に來《きた》りて它《た》の吉有《きちあ》り。

当初は親しい人がいなくても、正直で虚飾なく、真心をもって人と共同するようにすれば問題はない。誠意が内心から満ち溢《あふ》れるようになれば、ついには思いもよらない吉に恵まれる。

六二《りくじ》。之《これ》に比《ひ》すること内《うち》よりす。貞《てい》にして吉《きち》。

人と共同するときには、表面の行いだけでなく、心の底からの真心をもってする。誠実さを失うことがないので吉である。

六三《りくさん》。之《これ》に比《ひ》せんとすれど人《ひと》に匪《あら》ず。

共同しようとしてもふさわしい相手がいない。不善の者と共同すると大いなる災いを受けて難渋する。

六四《りくし》。外之《ほかこれ》に比《ひ》す。貞《てい》にして吉《きち》。

うちうちの仲間だけでなく、外の賢人や上の者と共同する。誠意をもってすれば吉である。

九五《きゅうご》。比《ひ》を顕《あき》らかにす。王用《おうもっ》て三驅《さんく》して前禽《ぜんきん》を失《うしな》う。邑人《ゆうじん》誡《いまし》めず。吉《きち》。

上に立つ者は公明正大で一点の私心もなく人々に親しみ、どのように共同するのかの道を明らかにすべきである。たとえば、王が狩猟の際に獲物を三方からだけ駆り立てて、前方に逃げる獲物は追わないように、去る者は追わないおおらかさで共同するのが良い。メンバーに対して厳しくし過ぎず、恐れを与えなければ、メンバーは用心や警戒をせずに安心して共同することができるので吉である。

上六《じょうりく》。之《これ》に比《ひ》せんとすれど首《はじ》め无《な》し。凶《きょう》。

人と共同しようと思っても、自分を是《ぜ》とし人を非とするので何も始まらない。結果は失敗に終わり凶である。

9 風《ふう》天《てん》小《しょう》畜《ちく》

䷈

小畜《しょうちく》は、亨《とお》る。密雲《みつうん》あれど雨《あめ》ふらず、我《わ》が西郊《せいこう》よりす。

少しとどめられても、やがては通じるようになる。雲が立ち込めているが雨は降らない。西側から雲が湧きつつある。

そこで、心ある人はまだ時機《じき》が来ていないことを理解して、学んで徳を積みながら、動けるときを待つようにする。

初九《しょきゅう》。復《かえ》ること道《みち》に自《よ》る。何《なん》ぞ其《そ》れ咎《とが》あらん。吉《きち》。

進もうと思ったが、いまはそのときではないことに気づいて中途から引き返し、正しい道を守って止《とど》まる。どうしてまずいことがあろうか。そのように機を知って、害を避けるのが吉である。

九二《きゅうじ》。牽《ひ》かれて復《かえ》る。吉《きち》。

行く道が間違っていたとき、友に引かれて引き返す。進むことが正しくないことを理解して、自分の守るべき道を失わないので吉である。

九三《きゅうさん》。輿輹《くるまとこしばり》を説《と》く。夫妻反目《ふさいはんもく》す。

猛進したために、車軸と車体が離れてしまって、動かすことができなくなったように、上下関係が難渋して進むことができず、心が穏《おだ》やかではない。たとえば夫婦の仲が悪く反目し合うので我が家を正しく保つことができないようなものだ。

六四《りくし》。孚有《まことあ》り。血去《ちさ》り惕《おそ》れ出《い》づ。咎无《とがな》し。

心の内に誠実な真心をもっているので、傷つけられて血を流すような災いは去ってしまい、恐れる危険はなくなる。災いはない。

九五《きゅうご》　孚有《まことあ》りて攣如《れんじょ》たり。富《と》みて其《そ》の鄰《となり》と以《とも》にす。

誠意をもって人と手を取り合ってことにあたる。富を独占しようとはせず、周囲の人々と分け合うようにするのが良い。

上九《じょうきゅう》。既《すで》に雨《あめ》ふり既《すで》に處《とどま》る。徳《とく》を尙《たっと》びて載《み》つ。婦《ふ》は貞《てい》なれども厲《あやう》し。月望《つきぼう》に幾《ちか》し。君子《くんし》も往《ゆ》けば凶《きょう》。

すでに雨が降って安らかになっている。仕事もきちんとこなし、徳が積もって車に載せるほど大きくなった。妻や部下はいかに正しくても、夫や上司を制するようでは危ない。月が満月に近づいてきたように満ち過ぎている。このようなときに、さらに進もうとすれば凶になる。

10 天《てん》澤《たく》履《り》

☰☱

虎《とら》の尾《お》を履《ふ》むも人《ひと》を咥《か》まず。亨《とお》る。

履《り》は物を踏むこと。危険な大仕事についたり、力のある強い人に従ったときでも、人の踏むべき道に沿って、礼にかなった従順で温和な態度で接すれば、危難を受けずに進むことができる。

初九《しょきゅう》。素履《そり》す。往《ゆ》くも咎《とが》无《な》し。

能力がありながら目立たない地位にいる。人とかかわらず、礼節を守りながら、外面を飾らないありのままの姿で、素直に自分の願う道を歩んで行く。進んで行っても災いはない。

九二《きゅうじ》。道《みち》を履《ふ》むこと坦々《たんたん》たり。幽人《ゆうじん》は貞《てい》にして吉《きち》。

坦々として一人で道を歩んで行く。独り静かに世の喧騒《けんそう》から離れ、利欲を離れた正しい志でいるので吉である。

六三《りくさん》。眇《すがめ》にして能《よ》く視《み》るとし、跛《あしなえ》にして能《よ》く履《ふ》むとす。虎《とら》の尾《お》を履《ふ》めば人《ひと》を咥《か》む。凶《きょう》。武人《ぶじん》、大君《たいくん》となる。

よく分かっていないことを、自分はよく分かっていると言い張り、できもしないことを、自分はよくできると慢心する。こういった状態では、危険な事態に遭遇《そうぐう》したときに悲惨《ひさん》な失敗をする。強気ばかりで実力のない者が、野心を起こしてリーダーになるのは災いを起こす。

九四《きゅうし》。虎《とら》の尾《お》を履《ふ》む。愬愬《さくさく》たれば終《つい》には吉《きち》。

虎の尾を踏むような危険な状態にあるが、恐る恐る慎重に行動すれば、最後には志を行うことができて吉になる。

九五《きゅうご》。夬《さだ》めて履《ふ》む。貞《てい》なれど厲《あやう》し。

きっぱりと決断し、断固としてその道を歩もうとするが、自分の才能を過信して、強気の独断をしがちなので、その志や行いが正しくても危《あや》ういことがある。

上九《じょうきゅう》。履《ふ》むを視《み》て祥《しょう》を考《かんが》う。其《そ》れ旋《めぐ》るときは元《おお》いに吉《きち》。

自分が歩んできた跡を見て、その幸せな結果が何の原因によるのかをよく考える。また過ちがあったなら反省して、正しく善なるところに繰り返し立ち返るようにすれば、大いに吉である。

11

地《ち》天《てん》泰《たい》 ䷊

泰《たい》は、小《しょう》往《ゆ》き大《だい》來《きた》る。吉《きち》にして亨《とお》る。

泰は平穏・安泰である。天の気と地の気が交わるように、上と下の意思も通じ合い志を同じくする。利欲を求める小人《しょうじん》の道が弱まっていき、正義や利他を求める君子の道が日々成長していく。吉でうまく行く。

資財や人財を有用なものになるように、育てていかなければならない。多すぎるところがあればそれを適度に減らし、足らないところを補うようにして安泰にさせる。

初九《しょきゅう》。茅《ちがや》を抜《ぬ》くに茹《じょ》たり。其《そ》の彙《たぐい》と以《とも》にす。征《ゆ》けば吉《きち》。

一本の茅《かや》を引き抜くと、根のつながった茅《かや》が連なって抜けるように、志を同じくする仲間がつながってくる。その仲間と共に行動を起こすべきである。前に進めて行って吉である。

九二《きゅうじ》。荒《こう》を包《つつ》み、馮河《ひょうか》を用《もち》い、遐《とお》きを遺《わす》れず、朋亡《ともうしな》われ、中行《ちゅうこう》に尚《あ》うを得《う》。

荒れ果てたところにしげる雑草のように多様な人々を包容する寛大さを持ち、大きい河を徒歩で渡るような危険を冒して進む勇気があり、遠くにいて隠れてしまっている者も見逃さない聡明《そうめい》さがあり、親しい者をひいきしたり徒党を組むこともない。このようであれば上の人の信頼を得て尊ばれるようになる。

九三《きゅうさん》。平《たいら》かにして陂《かたむ》かざるは无《な》く、往《ゆ》きて復《かえ》らざるは无《な》し。艱《かん》貞《てい》なれば咎无《とがな》し。恤《うれ》うる勿《なか》れ。其《そ》れ孚《まこと》ならば食《しょく》に于《お》いても福《さいわい》あり。

いまは泰平であるが、平らなものはやがて傾き、一緒にいたものもやがては去っていく。安泰なときは怠惰で緩みやすくなるので、厳しく正

しい道を守っていれば災いはなく、心配することはない。誠意をもって
ことにあたるならば、日食のように暗い状態になっても幸福を得ること
ができる。

＊食禄においても福があるという解釈もある。

六四《りくし》。翩翩《へんぺん》たり。富《と》めりとせずして、其《そ》の鄰《となり》と以《とも》にす。戒《いまし》めず
孚《まこと》を以《もっ》てする。

鳥がひらひらと舞い降りてくるような姿で、下の者と交流する。謙虚
にして富貴を誇らず、隣人と分かち合っている。人を戒《いまし》め命令しなくて
も、心からの誠意をもって行動してくれる。
それは心の底からそれを願っているからである。

六五《りくご》。帝乙妹《ていいつまい》を帰《とつ》がしむ。以《もっ》て祉《さいわい》ありて元《おお》いに吉《きち》。

殷《いん》の天子である帝乙《ていいつ》がその妹を臣下の賢者に嫁《とつ》がせたように、上の者

が賢者の部下に対して謙虚な振る舞いをする。このようであれば安泰で、幸いにあふれ、大いに吉である。

上六《じょうりく》。城《しろ》、隍《からぼり》に復《かえ》る。師《いくさ》を用《もち》いる勿《なか》れ。邑《ゆう》より命《めい》を告《つ》ぐ。貞《てい》なれど吝《りん》。

城壁の土が崩れて空堀《からぼり》をおおってしまっている状態である。このように統制がとれなくなっては、大きな戦いをしてはいけない。せいぜい自分の力の及ぶ範囲に対して命令を出す程度のことしかできない。命令が正しくても小規模なものになり、恥ずべき結果になる。

12

天《てん》地《ち》否《ひ》 ䷋

之《これ》を否《ふさ》ぐは人《ひと》に匪《あら》ず。君子《くんし》の貞《てい》に利《よ》ろしからず。大往《だいゆ》き小來《しょうきた》る。

否《ひ》はふさがって通じないこと。上下の意思疎通を欠く状態。上下が閉じふさがり、意思が通じないのは人のしわざである。上の者が下の苦労をかえりみず、下の者は上に順応しないで、共に冷ややかである。これは人道のあり方ではない。

志が正しいとしても、人々と争っては良いことがない。陽である大いなるものが去って、陰である下のものがせまって来て、上と下が交わる機会がない。

このようなときには、自分の才能を表に出さず控えめに行動し、周りから来る難を避け、自分の地位や成功を求めないようにする。

初六《しょりく》。　茅《ちがや》を抜《ぬ》くに茹《じょ》たり。其《そ》の彙《たぐい》と以《とも》にす。貞《てい》なれば吉《きち》にして亨《とお》る。

一本の茅《かや》を引き抜くと根のつながった茅《かや》が連なって抜けるように、同類の仲間がつながって共に行動する。この人たちが志を改めて、正しい思いと行いを固く守るようになるときには、ふさがった状態でも、吉で幸いを得られる。

六二《りくじ》。　包承《ほうしょう》す。小人《しょうじん》は吉《きち》。大人《たいじん》は否《ふさ》げば亨《とお》る。

ふさがって通じないときなので、何事も上の言うことを受容し従っていく。小人は従順に上に仕えて一時の吉がある。

大人は自分の志が行われず、思うようには行かないのでふさがれた立場になるが、妥協しなければ、自分の守る道は失わずにすむ。

六三《りくさん》。　羞《はじ》を包《つつ》む。

ふさがって通じないときに、上の者に対してうまく取り入っており、自分ではその非を心の中で恥じているが、それを包み隠している。

九四《きゅうし》。　命有《めいあ》れば咎无《とがな》し。疇《たぐい》、祉《さいわい》に離《つ》く。

上からの命令を待って、自分の志にかなった行動をするのであれば問題はない。仲間と共に幸いを得ることができる。

九五《きゅうご》。　否《ひ》を休《やす》む。大人《たいじん》は吉《きち》なり。其《そ》れ亡《ほろ》びん其《そ》れ亡《ほろ》びんとす。苞桑《ほうそう》に繋《かか》る。

閉じてふさがった状態をどうにか一時的に止めている。力と徳のある大人には吉である。まだ完全に良くなったわけではないので、滅《ほろ》びるかもしれない滅《ほろ》びてしまうかもしれないと自《みずか》ら省《かえり》みて恐れている。このように戒《いまし》めていれば、何本もの桑が群がって一株になり、根が深く広がって大風が吹いても倒れない木に繋《つな》がれているように、しっかりと安全になる。

上九《じょうきゅう》。否《ひ》を傾《かたむ》く。先《さき》には否《ふさ》がり後《のち》には喜《よろこ》ぶ。

ようやくふさがったときが終わる。はじめはふさがって苦しんでいても、後には安泰になり喜ぶことができる。

13

天《てん》火《か》同《どう》人《じん》

䷌

人《ひと》に同《おな》じくするに野《や》に于《おい》てす。亨《とお》る。大川《たいせん》を渉《わた》るに利《よ》ろし。君《くん》子《し》の貞《てい》に利《よ》ろし。

人と心を合わせて志を同じにして、協同一致してことを行うには、垣根のない平原のように広い心をもち、公平で私心なく、いかなるところにいる人とでも協力するようにする。また人の能力や志を見るのを誤らないようにすれば、うまく進めることができる。大きな冒険をしても大丈夫である。私利《しり》私欲《しよく》がなく公平で、正しい道を守っているのが良い。

初九《しょきゅう》。人《ひと》に同《おな》じくするに門《もん》に于《おい》てす。咎《とが》无《な》し。

交際する相手に偏《かたよ》りがなく、門を出て外において広く人と交わっている。問題になるような過失がない。

六二《りくじ》。　人《ひと》に同《おな》じくするに宗《そう》に于《おい》てす。吝《りん》。

同族の者や特定の人とだけ交わるのは、公平さを失って恥ずべきである。

九三《きゅうさん》。　戎《つわもの》を莽《くさむら》に伏《ふ》せ、其《そ》の高陵《こうりょう》に升《のぼ》る。三歳《さんさい》まで興《おこ》らず。

野心を抱いて、他者を攻撃しようとしても相手は手強く、正面から攻めることはできず、自分は高いところに登って策をめぐらしている。三年たっても攻めることはできずに挫折する。

自分が協同するべきでない者を無理に自分の仲間にしようと考えて機会を伺い策略をめぐらしても思うようにはならない。

九四《きゅうし》。　其《そ》の墉《かき》に乗《の》るも、攻《せ》める克《あた》わず。吉《きち》。

高いところに登って、一度は相手を攻めようとするが、勝つことができないのを悟って、正しい道に立ち返るので吉である。

九五《きゅうご》。人《ひと》に同《おな》じくするにも、先《さき》には號《な》き咷《さけ》び後《のち》には笑《わら》う。大師《だいし》克《か》ちて相《あ》い遇《あ》う。

はじめは競争相手にさまたげられて、泣き叫ぶような目にあうが、後には望みを達して笑うことができる。手強い相手に勝つことができた後、仲間とあうことができる。

上九《じょうきゅう》。人《ひと》に同《おな》じくするに、郊《こう》に于《おい》てす。悔《くい》无《な》し。

人と同志になろうとしても、人の数の少ない辺鄙《へんぴ》なところにいるようなもので相手がいない。志を遂げることはできないが、争いの渦中から離れているので後悔するようなことはない。

14

火《か》天《てん》大《たい》有《ゆう》

䷍

大有《たいゆう》は、元《おお》いに亨《とお》る。

大有《たいゆう》は、大いに所有する。大いに繁栄進歩する。善をすすめて天命に従う。

初九《しょきゅう》。害《がい》に交《まじ》わること无《な》し。咎《とが》に匪《あら》ず。艱《なや》めば則《すなわ》ち咎《とが》无《な》し。

正しさを守って害になりそうなものとは交わらない。調子が良くなったことで慢心するような弊害は起きない。艱難《かんなん》を忍んでおそれ慎《つつし》んでいれば問題はない。

九二《きゅうじ》。大車《たいしゃ》以《もっ》て載《の》す。往《ゆ》く攸《ところ》有《あ》るも咎《とが》无《な》し。

大きくてしっかりした車に重い荷物を載せても耐《た》えるように、大事を行っても咎《とが》められるような過失はなく、その任に耐《た》えることができる。

九三《きゅうさん》。公用《こうもっ》て天子《てんし》に亨《きょう》せらる。小人《しょうじん》は克《あた》わず。

高い地位を得るなど厚遇される。小人ではそれを維持することができず、公私の区別ができなかったり、思いあがるなどによって信用を失い、かえって害になる。

九四《きゅうし》。其《そ》の彭《さかん》なるに匪《あら》ず。咎无《とがな》し。

自分の勢いが強く盛んになっても、慢心することなく、自分を抑制して派手な振る舞いや贅沢を避ける。そうすれば問題はない。

六五《りくご》。厥《そ》の孚《まこと》、交如《こうじょ》たり。威如《いじょ》たれば、吉《きち》。

誠意が上の者と下の者との間で交じりあって信頼がある。謙虚で下の者に寛容でありながら、自分に厳しくして威厳を備えていれば、吉である。

上九《じょうきゅう》。天《てん》より之《これ》を祐《たす》く。吉《きち》にして利《よ》ろしからざる无《な》し。

天もかならずこれを助けてくれる。吉であってすべてがうまく行く。

15 地《ち》山《ざん》謙《けん》 ䷎

謙《けん》は、亨《とお》る。君子《くんし》は終《おわ》り有《あ》り。

謙《けん》は謙虚、自分の足りないことを知っていて、へりくだること。志が高いので、自分の道徳才能や功績がまだ不十分だということを知っている。思いや行いが謙遜であるときには、必ずうまく行き、大いに伸びて盛んになる。

謙遜の姿勢が最後まで変わらないので、人々はこれを尊ぶようになる。

初六《しょりく》。謙謙《けんけん》す。君子《くんし》、用《もっ》て大川《たいせん》を渉《わた》る。吉《きち》。

謙虚なうえに謙虚に自分を修養する。私心のない正しい者が、このような態度をもってすれば大きな川を渡るような冒険をしてもうまく行く。吉である。

六二《りくじ》。鳴謙《めいけん》す。貞《てい》にして吉《きち》。

謙虚さが満ちあふれて外に鳴り響くようである。謙遜の真心が内に充実していて、自然に言葉や声、容貌や態度にあらわれている。正しい道を固く守っているので、吉で福を得る。

九三《きゅうさん》。労謙《ろうけん》す。君子《くんし》終《おわ》り有《あ》りて吉《きち》。

労苦して大いなる功績がありながら深く謙遜している。自分の功労を誇らないのに、人々は従ってくる。最後まで謙遜の姿勢を守るので、終わりを良くすることができ、吉にして大なる福を得る。

六四《りくし》。利《よ》ろしからざる无《な》し。謙《けん》を撝《ふる》う。

日頃の行動や言葉にも、常に謙譲《けんじょう》の姿勢を発揮して行けば、いかなる場合にも良くないことはない。

六五《りくご》。富《と》めりとせずして其《そ》の鄰《となり》と以《とも》にす。用《もっ》て侵伐《しんばつ》するに利《よ》ろし。利《よ》ろしからざる无《な》し。

謙遜して富貴を誇らず自分を偉いと思わない。自分だけで富や知識を抱え込まず、隣人たちと分かちあう。このような態度で対応しても従ってこない者に対しては厳しい処置をするのが良い。結果がうまく行かないはずがない。

上六《じょうりく》。鳴謙《めいけん》す。用《もっ》て師《し》を行《や》り邑國《ゆうこく》を征《せい》するに利《よ》ろし。

謙虚さが満ちあふれて外に鳴り響くようである。謙遜の真心が内に充実していて、自然に言葉や声、容貌や態度にあらわれている。その評判があるので、集団を派遣して、自分の組織の中で従わない者を制していくのが良い。

16 雷《らい》地《ち》豫《よ》 ☳☷

豫《よ》は、侯《きみ》を建《た》て師《いくさ》を行《や》るに利《よ》ろし。

豫《よ》は喜び楽しむ意味であり、ものごとに前もって備えておくことである。メンバーが喜び楽しむように、道理や規律に従って順序を踏んで、リーダーを任じ、大事にむけて集団を動かすようにすればうまく行く。

初六《しょりく》。鳴豫《めいよ》す。凶《きょう》。

気持ちがおごって楽しみ過ぎ、それが声や顔にまであらわれるようになる。分《ぶん》を守ることができずに、志を失って行き詰まり凶である。自分の実力の範囲で努力すべきである。

六二《りくじ》。　介《かい》なること石《いし》の于《ごと》し。日《ひ》を終《お》えず。貞《てい》にして吉《きち》。

ひとり石のように重く固く自分の守るべき道を守り、楽しみに溺《おぼ》れることもない。その日が終わらないうちに決断し、なすべきことがあるときは直ちに行い、なすべきでないことは直ちにこれを払いのける。正しい道を固く守っているので吉にして福を得る。

六三《りくさん》。　盱豫《くよ》す。悔《く》いること遅《おそ》ければ悔《くい》有《あ》り。

上にへつらい、上にある人を頼みとして、楽しみに溺《おぼ》れている。この態度を容易に改めようとしない。そのままでは後悔するようなことが起こる。

九四《きゅうし》。　由豫《ゆうよ》す。大《おお》いに得《う》る有《あ》り。疑《うたが》う勿《なか》れ。朋盍《ともあ》い簪《あつ》まる。

周りの人がこの人によって楽しむ。大事を行っても大きな成果がある。人を疑うことがあってはならない。人を信頼すれば、かんざしが多くの髪の毛を束ねるように、同志の仲間が集まってきて、志が大いに行われる。

六五《りくご》。貞《てい》にして疾《や》む。恒《つね》にして死《し》せず。

正しい道を固く守っているけれども、自分には実力才能がないので、それを常に嘆き憂いている。長い間にわたって憂い悲しんでいるが、それだからといって滅《ほろ》びることはない。

＊楽しみに溺《おぼ》れたいが、目下の者に制されて苦しみ病んでいるという解釈もある。

上六《じょうりく》。冥豫《めいよ》す。成《な》れども渝《か》わること有《あ》れば、咎无《とがな》し。

歓楽に溺《おぼ》れて、心が真っ暗闇になり、何が正しいかの判断ができなくなっている。このままでは凶になる悪い状態だが、もしも自《みずか》ら悔《く》い改めて行いを変えることができたならば、災いを受けずにすむ。

17

澤《たく》雷《らい》随《ずい》

䷐

随《ずい》は、元《おお》いに亨《とお》りて貞《ただ》しきに利《よ》ろし。咎《とが》无《な》し。

随《ずい》は人に従う。前の人に従って進退行動すること。また、ときに従ってことを成すこと。

己を捨てて、自分より目下の者や才能道徳の少ない者に従うようにすると、人々はそれを喜んで、自分に従うようになり、大いにうまく行き、盛んに栄える。ただし、何でも従えば良いのではなく、必ず正しき道を固く守って、人に従うべきである。そうすれば、咎《とが》められる過失はない。

初九《しょきゅう》。　官渝《かんかわ》ること有《あ》り。貞《てい》にして吉《きち》。門《もん》を出《い》でて交《まじ》われば功有《こうあ》り。

他の人に従って、立場や仕事が変わることがあるが、正しい道を固く守っているので吉を得る。人と交わるのにも、自分の縁故の者や親しい者のみではなく、門外に出て多くの賢人と交わるようにすれば、功績を得ることができる。

六二《りくじ》。　小子《しょうし》に係《かか》りて、丈夫《じょうぶ》を失《うしな》う。

正しくない人に係《かかわ》って従ってしまうと、大切な正しい人を失ってしまう。両方と親しく交わることはできない。また、小事のために大事を失うこともある。

六三《りくさん》。丈夫《じょうぶ》に係《かか》りて、小子《しょうし》を失《うしな》う。随《したが》いて求《もと》むる有《あ》れば得《え》ん。貞《てい》に居《お》るに利《よ》ろし。

権力のある上の者に係《かかわ》って、目下の者や年少の者を顧《かえり》みない。このように上の者に従って、利益を求めているときには、それを得ることができる。しかし、目立つような行動をみだりにせずに、正しい道を固く守って静かにしているのが良い。

六四《りくし》。随《したが》いて獲《え》る有《あ》り。貞《てい》なるも凶《きょう》。孚《まこと》有《あ》り、道《みち》に在《あ》りて以《もっ》て明《あき》らかならば、何《なん》の咎《とが》あらん。

上の者に従いながらも、自分の下の者たちを自分のもののようにして徒党を組んで、上の者をしのぐほどの勢いがある。たとえそれが正しいことを行うにしても、凶で災いがある。誠実な真心があって、正しい道に沿って道理に明らかなことを行っているならば、咎《とが》められるべき過失はない。

九五《きゅうご》。嘉《よき》に孚《まこと》あり。吉《きち》。

善人に対して、誠実な真心をもって信頼して、これに従うので、吉にして大いなる福を得る。

上六《じょうりく》。之《これ》を拘《とど》め係《つな》ぎ、乃《すなわ》ち従《したが》って之《これ》を継《つな》ぐ。王《おう》用《もっ》て西山《せいざん》に亨《きょう》す。

この人物に人々がつき従っている様子は、まるで手をとって離さず、また大きい綱で縛りつけたようである。たとえば、周の文王《ぶんのう》は、天下の三分の二がその徳に従って仰ぎ慕っていたのに、なおも自分は衰えた殷《いん》の天子に臣下として従い、岐山《きざん》へお供え物をしてお祭りをしていたように、誠意が満ちているのである。

18

山《さん》風《ぷう》蠱《こ》

蠱《こ》は、元《おお》いに亨《とお》る。大川《たいせん》を渉《わた》るに利《よ》ろし。甲《こう》に先《さき》だつこと三日《みっか》、甲《こう》に後《おく》るること三日《みっか》。

蠱《こ》は腐敗、崩壊のこと。蠱《こ》は、物の内部が腐敗しさまざまな悪いことが起きることである。長い年月がたつと、内部の規律が乱れ、さまざまな弊害が出てくる。そうするとそれを変革する動きが起きて、再びうまく行くようになる。大きな川を渡るように、艱難《かんなん》を乗り越えて改革するのが良い。

新しい制度や規則などを始めるときは、実行する三日前に知らせ、その三日後までは違反した者を罰しないといった、丁寧さが大切である。

＊甲は十干《じっかん》の順序の第一番目であり、甲の三日前は辛（新た）、甲の三日後は丁（丁寧）にあたるので、心を新たにし丁寧に行うのが良いという解釈がある。また、過去を振り返ってどのようにして、いまがあるかを明らかにし、これからの未来をど

うしたいのかを明確にするという解釈もある。

初六《しょりく》。　父《ちち》の蠱《こ》を幹《ただ》す。子《こ》有《あ》れば考《ちち》も咎《とが》无《な》し。厲《あや》うけれども終《つい》には吉《きち》。

父や先輩から始まっている乱れや弊害を、相続した者が除き去る。そうすれば、父や先輩は咎《とが》められるべき過失がないことになる。ただし、先代以来の弊害を改革して一新することは容易なことではなく、危険なことだが、慎重にことを処理すれば、終には吉にして福を受ける。

九二《きゅうじ》。　母《はは》の蠱《こ》を幹《ただ》す。貞《てい》に可《すべ》からず。

母や恩義を受けた者の行った不始末や破れを処理する。恩愛を受けた母を諫《いさ》めて傷つけないようにするために、厳しく正義を振りかざしてあばいてはならない。たくみにおとなしく処理することで中道を得ることができる。

九三《きゅうさん》。　父《ちち》の蠱《こ》を幹《ただ》す。小《すこ》しく悔有《くいあ》れども、大《おお》きな咎无《とがな》し。

父や先輩の時代からの弊害を改革しようとするが、あまりに激しくやり過ぎるので、少し後悔する。志は善いので、大きく咎《とが》められる過失はない。

六四《りくし》。　父《ちち》の蠱《こ》を裕《ゆた》かにす。往《ゆ》けば吝《りん》を見《み》る。

父や先輩の残した弊害を取り除く力がなく、そのまま放置して傍観するか、かえってその弊害を増してしまう。そのまま進んで行くと大いに恥を受けるようなことになる。

六五《りくご》。　父《ちち》の蠱《こ》を幹《ただ》す。用《もっ》て誉《ほま》れあり。

人の助けを用いて、父や先輩の残した弊害を一掃する。功をたてて大いなる名誉や利益を得る。

上九《じょうきゅう》。王侯《おうこう》に事《つか》えず。其《そ》の事《こと》を高尚《こうしょう》にす。

大きな組織や上の人に仕えることをせず、重要な地位にもつかずに世間の仕事に関わらない。自《みずか》らの道徳を養い、身を清くしている。自然に世の中に善い影響を与えて、間接的に世の中を刷新する力となっている。

19 地《ち》澤《たく》臨《りん》

䷒

臨《りん》は、元《おお》いに亨《とお》りて貞《ただ》しきに利《よ》ろし。八月《はちがつ》に至《いた》りて凶《きょう》有《あ》り。

臨《りん》は人に対応し見守る、または監督すること。和《なご》み喜びおだやかな態度で人に対するので、大いに伸びて盛んになるが、正しい道を固く守って行うのが良い。人々を信頼し、人々の知恵を引き出してことを行うが、やがて時間がたつにつれて、その想いが消えてしまうと凶になるので、警戒をしなければならない。

初九《しょきゅう》。咸《かん》じて臨《のぞ》む。貞《てい》にして吉《きち》。

正しい心で、人と共感しあって対応する。正しい道を行う志をもってするので吉である。

九二《きゅうじ》。咸《かん》じて臨《のぞ》む。吉《きち》にして利《よ》ろしからざる无《な》し。

正しい心で、人と共感しあって対応する。ときには、上の者の命令が善くない場合には従わないこともある。吉にして問題のあるはずがない。

六三《りくさん》。　甘《あま》くして臨《のぞ》む。利《よ》ろしき攸《ところ》无《な》し。既《すで》に之《これ》を憂《うれ》うれば咎《とが》无《な》し。

相手に取り入って、ひたすら人を喜ばせようという態度で対応する。誠実な真心はないので、長くは持たず、うまく行くことはない。その危険を憂いて、自《みずか》らのあり方を反省して早く改めれば災いは起きない。

六四《りくし》。　至《いた》りて臨《のぞ》む。咎《とが》无《な》し。

まことに親切な真心をもって人に接する。目下の賢者を真実に深く信頼している。咎《とが》められる過失はない。

六五《りくご》。　知《ち》にして臨《のぞ》む。大君《たいくん》の宜《よろ》しきなり。吉《きち》。

大きな知恵をもって人に対する。優れたリーダーは、自分にどれほどの知恵があってもそれを用いず、人々の知恵をもって自分の知恵とする。そうすれば知恵のある人々は、進んでそれぞれの知恵を出してくれるようになり、結果として天下の知恵はみな自分の知恵となる。吉にして大いなる福を得られる。

上六《じょうりく》。敦《あつ》くして臨《のぞ》む。吉《きち》にして咎《とが》无《な》し。

とても手厚い真心をもって人々に対応する。吉にして咎《とが》められる過失はない。

20

風《ふう》地《ち》観《かん》

☷☴

観《かん》は盥《かん》して薦《すす》めず。孚《まこと》有《あ》りて顒若《ぎょうじゃく》たり。

観《かん》は高いところから四方を見わたすことと、高いところにあるものを下から仰《あお》ぎ見ること。

たとえば、お祭りのときに、手を洗い清めてから、お供え物をするまでは、精神が厳《おごそ》かに集中して乱れていないものだ。このように、上にある者の真心が人々に伝わり、姿勢態度が厳粛であれば、人々はこれを仰ぎ見て尊敬するようになる。

初六《しょりく》。童観《どうかん》す。小人《しょうじん》は咎《とが》无《な》し。君子《くんし》は吝《りん》。

子供のような単純なものの見方をする。遠いところや深いところは見ることができず、目の前や浅いところだけを見ている。能力が少なくただ人に従うだけの者ならば咎《とが》められることはないが、責任のある立場の者ならば恥ずべきである。

六二《りくじ》。闚《うかが》い観《み》る。女《じょ》の貞《てい》に利《よ》ろし。

門の隙間《すきま》から外をのぞき見るように視野が狭い。才能や道徳が乏しく、うかがい見ることしかできない者である。家庭の中にいる女性のように従順な道を守っている立場ならそれでも良い。

しかし、広く世界を観察し、ものごとの全体を見るべき立場であれば良くない。

六三《りくさん》。我《わ》が生《せい》を観《み》て進退《しんたい》す。

自分が行ったことや、自分の行いから生じた結果を良く観察する。そのうえで、進退の機会を見て、進むべきときには進み、退くべきときには退くようにすれば、自分の正しい道を失うことはない。

六四《りくし》。國《くに》の光《ひかり》を觀《み》る。用《もっ》て王《おう》に賓《ひん》たるに利《よ》ろし。

国の光とは国の上に立つ者（天子）の道徳の反映である。リーダーに立派な道徳があるときは、組織が良くおさまり、教育が行き届き、政策や諸施設が良く整っている。そういう反映したありさまを観察する。

そのような人は上から厚く用いられるようになるので、そのときには力を尽《つ》くすのが良い。

九五《きゅうご》。我《わ》が生《せい》を觀《み》る。君子《くんし》なれば咎无《とがな》し。

自分自身の行いとその効果を観察する。

自分の行いが直ちに周囲に影響を与えている。周囲の人々のあり方を見たら、鏡を見るように、自分のあり方の是非《ぜひ》を知ることができる。自分の行いが正しく私利私欲《しりしよく》がなければ咎《とが》を受けることはない。

上九《じょうきゅう》。其《そ》の生《せい》を観《み》る。君子《くんし》なれば咎无《とがな》し。

人々に生き様《ざま》を見られる。人々がその人の生活のあり方を見て、模範にしようとしている。行いを慎《つつし》み、常に志を強くもち、私利私欲《しりしよく》がなければ咎《とが》を受けることはない。

21 火雷噬嗑《からいぜいこう》 ䷔

噬嗑《ぜいこう》は、亨《とお》る。獄《ごく》を用《もち》うるに利《よ》ろし。

噬嗑《ぜいこう》は、物を噛《か》み合わせること。障害物を噛《か》み砕くのでその後はうまく行く。法を明らかにして、果断をもって悪を裁いて、刑罰を定めるのが良い。

初九《しょきゅう》。　校《あしかせ》を履《ふ》みて趾《あし》を滅《めっ》す。咎無《とがな》し。

足かせをかけられて足の先が見えないようになり、自由に歩いて行くことができない。そのために自《みずか》ら戒《いまし》めて再び悪いことをしないようになるので、大きな咎《とが》を免《まぬが》れる。

六二《りくじ》。　膚《はだえ》を噬《か》みて鼻《はな》を滅《めっ》す。咎無《とがな》し。

硬くて噛《か》むのが難しいと思っていたが、柔らかな肉だったので、鼻が見えなくなるほど深く噛《か》み込むことができた。（罪人に素直に白状させることができる）咎《とが》を受けることはない。

六三《りくさん》。　腊肉《せきにく》を噬《か》み、毒《どく》に遇《あ》う。小《すこ》しく吝《りん》なれども咎無《とがな》し。

丸ごと干《ほ》した硬い肉を噛《か》んで、毒にあたる。抵抗があって少し恥ずべきことがあるが、行うべきことを行うので、咎《とが》められる過失はない。

（罪人が逆らってくる）

九四《きゅうし》。乾胏《かんし》を噬《か》み、金矢《きんし》を得《え》る。艱貞《かんてい》に利《よ》ろし。吉《きち》。

非常に硬い骨付き肉を噛《か》んで、金属の矢じりを得る。艱難《かんなん》に対して努力して、正しい道を固く守るのが良い。そうすれば吉にして福を得ることができる。

＊金矢《きんし》は、周の時代に訴訟を起こすときの保証として納める三十斤の金と百本の矢のことを指すという解釈がある。

六五《りくご》。乾肉《かんにく》を噬《か》み、黄金《おうごん》を得《え》る。貞《てい》にして厲《あや》ぶむ。咎无《とがな》し。

硬く乾いた肉を噛《か》んで貴重な金属の矢じりを得る。

正しい道を固く守りながら、さらに自分の処置が適切であったかを危《あや》ぶみ恐れて戒《いまし》め慎《つつし》むので、咎《とが》められるような過失はない。

上九《じょうきゅう》。校《くびかせ》を何《にな》いて耳《みみ》を滅《めっ》す。凶《きょう》。

罪が重く、耳が隠れるほどの首かせをはめられる。改心しようとせず、道理を聞く耳もないので、凶である。

22 山《さん》火《か》賁《ひ》

䷕

賁《ひ》は亨《とお》る。小《すこ》しく往《ゆ》く攸《ところ》有《あ》るに利《よ》ろし。

賁《ひ》は文飾《ぶんしょく》、美しくかざること。文物や音楽、礼儀作法などの文飾《ぶんしょく》があるときは、行うことがうまく行き、盛んになる。小さなことには文飾《ぶんしょく》を用いて進めていくのは良い。

しかし、飾ることや贅沢の度が過ぎるときは、うわべばかりになって誠実さはなくなり、行き詰まってしまうようになる。

初九《しょきゅう》。　其《そ》の趾《あし》を賁《かざ》る。車《くるま》を舎《す》てて徒《かち》す。

自分の足元の行いを正しくして、徳のある美しいものにしている。正しい道によらない出世や栄誉を捨てて（世間の人が栄誉とする車には乗らず）、いまの生活に満足する。

六二《りくじ》。　其《そ》の須《あごひげ》を賁《かざ》る。

その姿や態度を美しくする。口ひげがあごにくっついて動くように、上の者や先輩と一緒に行動していく。

九三《きゅうさん》。　賁如《ひじょ》たり、濡如《じゅじょ》たり。永貞《えいてい》なれば吉《きち》。

麗《うるわ》しく飾られて、キラキラと光沢があって、ツヤツヤと潤《うるお》っているように見える。永くいつまでも正しい道を固く守っているときは吉である。

六四《りくし》。　賁如《ひじょ》たり、皤如《はじょ》たり。白馬翰如《はくばかんじょ》たり。寇《あだ》するに匪《あら》ず婚媾《こんこう》せんとす。

派手な色の装飾を避けて、飾るのは質素な白い色を用いる。乗る馬も白馬を用いる。自分と志を同じくする者のところに行くのは、敵対するためではなく、協同して世の中を良くしようとするのである。

六五《りくご》。　丘園《きゅうえん》を賁《かざ》る。束帛戔戔《そくはくせんせん》たり。吝《りん》なれども終《つい》には吉《きち》。

虚飾に流れず質素にして、実質的な根本を養うために、田畑や果樹園などを美しく整え、農業に精を出している。人に物を贈るにも、絹五匹を一束にした簡素な物を用いて質素倹約する。ケチであるという非難を受けるが、これによって人々の生活も豊かになり、吉にして福を受ける。

上九《じょうきゅう》。白《しろ》く賁《かざ》る。咎《とが》无《な》し。

飾りを極《きわ》めると白色にかえる。飾りを残らず去って、飾りの全くない自然の本質にかえっている。咎《とが》められるべき過失はない。

23 山《さん》地《ち》剝《はく》 ䷖

剝《はく》は、往《ゆ》く攸《ところ》有《あ》るに利《よ》ろしからず。

剝《はく》は、はぎとること。小人の勢いが盛んになり、正しい立派な人が追われてしまう。このようなときに進んでことを行うのは良くない。
繁栄や衰退があるのが道理であることを知って、人々に慈愛を施し、自分の立場の安泰もはかることを心がける。

初六《しょりく》。牀《しょう》を剝《はく》するに足《あし》を以《もっ》てす。貞《てい》を蔑《ほろぼ》す。凶《きょう》。

たとえば、はがす勢いが、寝台の足を削り取ろうとしている。邪悪なものが正しいものを滅《ほろ》ぼそうとしている。その災いを軽く見たら凶である。

六二《りくじ》。牀《しょう》を剝《はく》するに辨《べん》を以《もっ》てす。貞《てい》を蔑《ほろぼ》す。凶《きょう》。

削り取る勢いが次第に進んできて、寝台の足の上部まできている。邪悪なものが正しいものを滅《ほろ》ぼそうとしている。危険がより迫ってきていて凶である。

六三《りくさん》。　之《これ》を剝《はく》す。咎《とが》无《な》し。

良くない仲間づきあいから、自分をはぎとってしまう。仲間外《はず》れになって、多少の非難はあるが、正しい道を守れば咎《とが》められる過失はない。

六四《りくし》。　牀《しょう》を剝《はく》するに膚《はだえ》を以《もっ》てす。凶《きょう》。

削り取る勢いがますます身に迫ってきて、寝台の上の者の皮膚まできている。災いがすでに身近に迫っているので凶である。

直ちに方向を転じて難を避けなければ取り返しのつかないことになる。

六五《りくご》。　魚《うお》を貫《つらぬ》き、宮人《きゅうじん》の寵《ちょう》を以《もっ》てす。利《よ》ろしからざる无《な》し。

人々をつらぬくようにまとめ、後宮《こうきゅう》の女官を寵愛《ちょうあい》するように、権力を与えずに対処する。問題のあるはずはない。

上九《じょうきゅう》。碩果《せきか》食《くら》われず。君子《くんし》は輿《よ》を得《え》、小人《しょうじん》は盧《ろ》を剝《はく》す。

果樹の上に大きな果実が一つだけ食べられずに残った状態である。乱れが極《きわ》まると、道徳が高く私利私欲《しりしよく》のない正しい人が、人々の支持を得て持ち上げられるようになる。しかし、力も徳もない小人ならば、小さな住まいまではぎとられて居場所がなくなる。

24 地《ち》雷《らい》復《ふく》

䷗

復《ふく》は、亨《とお》る。出入《しゅつにゅう》疾《やまい》无《な》く、朋來《ともきた》りて咎《とが》无《な》し。其《そ》の道《みち》を反復《はんぷく》し、七日《なのか》にして來復《らいふく》す。往《ゆ》く攸《ところ》有《あ》るに利《よ》ろし。

復は、かえる・戻ること。いまは力が弱くても、徐々に伸び栄えてうまく行くようになる。陰に引っ込んだり、ときには表面にあらわれ出てきたりするが、問題はなく、痛みや害を受けることはない。多くの同類の仲間が集まってきて、盛んになっていき、咎《とが》められるような過失はない。このようにものごとは、自然の変化の流れに従って、引き返して帰ってくる。その期間は七日または七か月である。だんだん盛んになるときなので、進んで行くのが良い。

初九《しょきゅう》。遠《とお》からずして復《かえ》る。悔《くい》に祗《いた》ること无《な》し。元《おお》いに吉《きち》。

いったんは間違いをおかして道をはずれても、過失だと知ったならば、たいして遠くまで行かずに引き返して、善に立ち返る。後悔するようなことにはならない。大いに吉を得る。

六二《りくじ》。休《よ》く復《かえ》る。吉《きち》。

良い影響を与えてくれる人に親しみ、よく美しい善に立ち返る。吉を得る。

六三《りくさん》。頻《しき》りに復《かえ》る。厲《あや》うけれども咎《とが》无《な》し。

善を守り続けることができず、たびたび間違いをおかしてはまた善に立ち返る。危《あや》ういことだが正しい道に戻るので咎《とが》められるほどの大きな失敗はない。

六四《りくし》。中行《ちゅうこう》にして獨《ひと》り復《かえ》る。

悪い仲間と悪に陥《おちい》りかけても、中庸《ちゅうよう》の行いを守って途中から一人だけ善に立ち返る。

六五《りくご》。敦《あつ》く復《かえ》る。悔《くい》无《な》し。

厚い真心をもって自《みずか》ら善に立ち返る。後で後悔するような過失はない。

上六《じょうりく》。復《かえ》るに迷《まよ》う。凶《きょう》。災眚《さいせい》あり。用《もっ》て師《し》を行《や》れば、終《つい》に大敗《たいはい》有《あ》り、其《そ》の國君《こくくん》に以《およ》ぶ、凶《きょう》。十年《じゅうねん》に至《いた》るまで征《せい》する克《あた》わず。

道を離れて遠く、最後まで迷って善に立ち返ることができない。凶である。天からの災いと自《みずか》らが起こした災いを受ける。大事を行えば、最後には大失敗し、その組織やトップにまで災いが及んで凶である。十年かけても最後まで達成することはできない。

天《てん》雷《らい》无《む》妄《ぼう》 ䷘

无《む》妄《ぼう》は元《おお》いに亨《とお》り貞《ただ》しきに利《よ》ろし。其《そ》れ正《せい》に匪《あら》ざるときは眚《わざわ》い有《あ》り。往《ゆ》く攸《ところ》あるに利《よ》ろしからず。

无《む》妄《ぼう》は妄《みだ》りな思いや行いがないこと。心に一点の邪心もなく誠実である。ものごとを始める力があり、大いに伸びてうまく行くようになるので、正しい道を固く守るのが良い。正しい道から外《はず》れて、欲や邪念をもって動くときには災いを受ける。妄《みだ》りな思いで進んで行くのは良くない。

初九《しょきゅう》。无《む》妄《ぼう》なり。往《ゆ》けば吉《きち》。

誠実で邪心がない。それによって行うので吉を得ることができる。どこへ行っても志すことが行われる。人にも良い影響を与えることができる。

六二《りくじ》。　耕穫《こうかく》せず。菑畬《しよ》せず。則《すなわ》ち往《ゆ》く攸有《ところあ》るに利《よ》ろし。

たとえば、農夫が春に田を耕すときには、ただ自分の務めとして田を耕し、秋に収穫が得られることを期待しない。新しい土地を開墾して田を作るときは、二、三年後に立派な田となって多くの収穫が得られることを期待しない。このように、将来の結果や報酬を期待しないで、あるべきままに自分の務めをただ果たしているときは、進んでことを行っても良い。

六三《りくさん》。　无妄《むぼう》の災《わざわ》いあり。或《あるい》は之《これ》に牛《うし》を繋《つな》ぐ。行人《こうじん》の得《え》るは、邑人《ゆうじん》の災《わざわ》いなり。

妄《みだ》りな思いがなく、誠実に行動していても災いを受ける。たとえば牛をつないでおいたら、通りかかった旅人が牛を盗んでいってしまう。すると近所の村人が疑われて、村人が思いも寄らない災難を受けるようなものだ。

九四《きゅうし》。貞《てい》に可《すべ》し。咎《とが》无《な》し。

止《とど》まるべきときに、止《とど》まるべき場所に止《とど》まっているようにする。正しい道を固く守っているので咎《とが》を受けるようなことはない。

九五《きゅうご》。无妄《むぼう》の疾《やまい》あり。薬《くすり》勿《な》くして喜《よろこ》び有《あ》り。

たとえば、本当の病気ではないのに、いっとき病気らしく見えるときがある。そのときには、決して薬を用いない。しばらくすると自然に快復して喜びがある。このように根拠のない意外な出来事が起こることがあっても、慌てて処置をしないで静かにじっとしているのが良い。

上九《じょうきゅう》。无妄《むぼう》なり。行《ゆ》けば眚《わざわ》い有《あ》り。利《よ》ろしき攸无《ところな》し。

誠実な思いであっても、それにこだわりすぎると執着の心が生じる。どこまでも押し進めて行こうとすると、かえって災いを受ける。良いところがない。

26 山《さん》天《てん》大《たい》畜《ちく》 ䷙

大畜《たいちく》は、貞《ただ》しきに利《よ》ろし。家食《かしょく》せずして吉《きち》なり。大川《たいせん》を渉《わた》るに利《よ》ろし。

大畜《たいちく》は大いなるものが止《とど》め、大いなるものが貯え、大いなるものが養うこと。心を正しく固く守っていると良い。日々徳を高め、よく学んで知恵を大いに貯えたら、何もせずに家に引っ込んで食事をしているのではなく、進んで世の中に出て、正しい道を行うことを心がけることで、吉にして福を得る。大きなことを進んで行っても良い。

初九《しょきゅう》。厲《あや》うきこと有《あ》り。已《や》むに利《よ》ろし。

才能もあり志も高いが、まだ力不足で、進もうとすると危ないことがある。進むのをやめて、力を養うことに心がけるのが良い。

九二《きゅうじ》。輿《くるま》、輹《とこしばり》を説《と》く。

車の車軸を外して動けなくするように、自《みずか》ら進むことを止めて、道徳才能を養うことを心がける。

九三《きゅうさん》。良馬《りょうば》を逐《お》う。艱貞《かんてい》に利《よ》ろし。日《ひび》に輿衛《よえい》を閑《なら》う。往《ゆ》く攸《ところ》有《あ》るに利《よ》ろし。

良馬のように、すみやかに進むことができる状態になる。ただし刻苦勉励して心を正しく守るようにするのが良い。そのうえ、たとえば、毎日、車を御する術や防衛する術を練習し習熟するようにすれば、進んでことを行っても良い。日々に、自分の進むべき道を十分に工夫し、自分が失敗して身を誤ることがないように周到に注意していけば、ことをうまく進めて行くことができる。

六四《りくし》。童牛《どうぎゅう》の牿《こく》なり。元《おお》いに吉《きち》。

たとえば、仔牛を囲いの中に入れて置いて、自由に外に飛び出して暴れまわらないようにする。経験が足りなく元気盛んな者が、軽々しく動き出さないようにし、知識や能力を大いに貯えるようにさせると、大いなる吉を得る。
＊角《つの》の生えきらない仔牛のうちに、角《つの》に横木をつけて、危害を未然に防ぐという解釈もある。

六五《りくご》。豶豕《ふんし》の牙《が》なり。吉《きち》。

たとえば、猪《いのしし》の子を勝手に飛びまわらないように、杭《くい》につないでおく。しばらくじっと静かに学び、人格を磨くようにさせる。そうすると吉を得る。
＊去勢した猪は牙があってもそれほど危害は加えないという解釈がある。

上九《じょうきゅう》。天《てん》の衢《ちまた》を何《にな》う。亨《とお》る。

たとえば、天上にある四通八達《しつうはったつ》で縦横自在に進むことのできる広大な道を、肩の上に荷《にな》っているようだ。自由自在にことを行うことができ、大きな功績をあげることができる。

27

山《さん》雷《らい》頤《い》

頤《い》は、貞《ただ》しければ吉《きち》。頤《おとがい》を観《み》て自《みずか》ら口實《こうじつ》を求《もと》む。

頤《い》はあごのこと。あごを動かして飲食して身体を養うように、天地が万物を養い、聖人が賢者を養う。他者に対する養い方や自分への養い方が正しければ吉である。自分が養おうとしている目的は何なのか。身体なのか、心なのか、その他のものなのか、そしてそれが正しいことかどうかを観察して、その目的に合うものを自《みずか》らの力で求めるべきである。

初九《しょきゅう》。爾《なんじ》の靈龜《れいき》を舍《す》てて、我《われ》を觀《み》て頤《おとがい》を朶《た》る。凶《きょう》。

自分自身が、優れた神器である亀のような徳や力を持っており、自分を養うだけでなく、他の人を養うだけの力が十分あるにもかかわらず、高い地位にいる人を観て、それを羨《うらや》ましく思うのは、凶にして災いを受ける。

六二《りくじ》。顚《さかしま》に頤《やしな》わる。經《つね》に拂《もと》る。丘《おか》に于《おい》て頤《やしな》わる。征《ゆ》けば凶《きょう》。

下の者を養う（導く）のが筋なのに、下の者に養われる。これは本来の道に逆らっているが、必ずしも悪いことではない。しかし、上の者に養ってもらおうと出かけて行くのは、縁が遠すぎるのでかなわず、凶になる。

六三《りくさん》。頤《い》に拂《もと》る。貞《てい》なれども凶《きょう》。十年用《じゅうねんもち》うる勿《なか》れ。利《よ》ろしき攸《ところ》无《な》し。

軽々しく人に取り入って、養ってもらおうとするのは、養う道からはずれている。正しい相手だとしても凶にして災いを受ける。このような者は、十年たっても用いてはならない。良いところがない。

六四《りくし》。　顚《さかしま》に頤《やしな》わるるも吉《きち》。虎視眈眈《こしたんたん》、其《そ》の欲逐逐《よくちくちく》たれば、咎无《とがな》し。

上の立場にいながら、力不足のため、下にいる賢人の支援を受けるのは逆さまであるが、それによって自分の務めを全うすることができるので、吉にして福を受ける。虎がじっと見つめるように、賢人を求めて眼を離すことがなく、引き続いて支援を受けることを望むようにすれば、咎《とが》められる過失はない。

六五《りくご》。　經《つね》に拂《もと》る。貞《てい》に居《お》れば吉《きち》。大川《たいせん》を渉《わた》る可《べか》らず。

自分が養うべき地位にいながら、上の者に養われるのは本来の道から外《はず》れている。自分の才能道徳の不足していることを知って、上の者に従順に従い、正しい道を固く守っているときは、吉にして福を受ける。力が不足しているので、大きなことや困難なことに対しては、進んで行くことはできない。

上九《じょうきゅう》。由《よ》りて頤《やしな》わる。厲《あや》うけれども吉《きち》。大川《たいせん》を渉《わた》るに利《よ》ろし。

みんなが自分によって養われる。その責任は重大で危《あや》ういが、その恩恵が行き渡っているので、吉にして福を受ける。人々のために、大きな艱難《かんなん》を克服し救済するような大事を行っても良い。

28 澤《たく》風《ふう》大《たい》過《か》 ䷛

大過《たいか》は、棟撓《むなぎたわ》む。往《ゆ》く攸《ところ》有《あ》るに利《よ》ろし。亨《とお》る。

大過は大いなる者の勢いが盛ん過ぎること。たとえば、家の棟木《むなぎ》が重過ぎて撓《たわ》んでいる。それに対して慎重に適切な処置をするのが良い。そうすればうまく行くようになる。

初六《しょりく》。藉《し》くに白茅《はくぼう》を用《もち》う。咎无《とがな》し。

たとえば、金や玉《ぎょく》を置くときは、下に白く柔らかな茅《かや》を敷《し》く。このように、ことを行うときには、慎《つつし》んで丁寧に進めるので、咎《とが》められる過失はない。

九二《きゅうじ》。枯楊稊《こようひこばえ》を生《しょう》じ、老夫《ろうふ》其《そ》の女妻《わかきつま》を得《え》たり。利《よ》ろしからざる无《な》し。

たとえば、枯れかけた柳の根元から新しい芽が出るように、また、年老いた男が若い妻を得て助けられるように、勢いが過ぎた状態だが、下の者に助けられる。うまく行かないことはない。

九三《きゅうさん》。棟撓《むなぎたわ》む。凶《きょう》。

たとえば、屋根を支える棟木《むなぎ》が重過ぎて曲がってしまう。猛々《たけだけ》しくて人の意見などは一切聞かないので、他からの助けを受けることもできず、その務めを果たすことができない。凶にして災いを受ける。

九四《きゅうし》。棟隆《むなぎたか》し。吉《きち》。它有《たあ》れば吝《りん》。

たとえば、棟木《むなぎ》が高く撓《たわ》むこともない。力と才能がありながら、柔軟で順応性があり、よく人の意見も聞くので、多くの人の助けがある。よく自分の努めを果たすことができて吉である。しかし、これまで守ってきた柔順さを捨てて、猛々《たけだけ》しくなると失敗するようになり、恥を受けることになる。

九五《きゅうご》。　枯楊華《こようはな》を生《しょう》じ、老婦《ろうふ》其《そ》の士夫《しふ》を得《え》たり。咎《とが》もなく誉《ほま》れも无《な》し。

力の弱いものと親しむのは、たとえば、枯れかけた柳に花が咲いたようなもので、柳が枯れるのを早めてしまう。若い男が年老いた女を妻としても、内助の功にもならず無益である。咎《とが》められることもないが、褒《ほ》められることでもない。

上六《じょうりく》。　過《す》ぎて渉《わた》り頂《いただ》きを滅《めっ》す。凶《きょう》なれども咎无《とがな》し。

たとえば、舟もなく、泳ぎもできないのに、川を渡ろうとして、頭のてっぺんまで水に浸かって溺れてしまう。自分の力も顧《かえり》みずにことを良くしようとして、むやみに進んで行って、自分を危険にさらす。凶ではあるが、正しい志があってしたことなので、咎《とが》められるべきことはない。

29 坎《かん》為《い》水《すい》

習坎《しゅうかん》は、孚《まこと》有《あ》り。維《こ》れ心亨《こころとお》る。行《ゆ》けば尚《たっと》ばるること有《あ》り。

習《しゅう》は重なることで、坎《かん》は穴や険しさ困難のこと。艱難《かんなん》が重なり合った中で、自分の身もどうなるか分からない状態だが、心はいかなることが起こっても動揺することなく泰然としている。心に誠を失わず、道を守る志は貫徹する。こうして進んで行けば、人々から認められることがある。

初六《しょりく》。坎《かん》を習《かさ》ねて、坎窞《かんたん》に入《い》る。凶《きょう》。

艱難《かんなん》の重なっている中で、穴の底のさらに深い穴に陥っている。艱難《かんなん》を抜け出すことができず、凶にして災いを受ける。

九二《きゅうじ》。坎《かん》にして険有《けんあ》り。求《もと》めて小《すこ》しく得《う》。

険難《けんなん》な位置にいる。まだ抜け出すことはできないが、誠実さがあり、自《みずか》らを守る力もあるので、求めることのいくらかは得ることができる。

六三《りくさん》。來《きた》るも之《ゆ》くも坎坎《かんかん》たり。険《けん》にして且《か》つ枕《まくら》す。坎窞《かんたん》に入《い》る。用《もち》うる勿《なか》れ。

前後に艱難《かんなん》があり、進むことも退くこともできない。いま、止《とど》まっていることも険難《けんなん》である。動こうとすると深い険難《けんなん》の穴に落ち込む。じっとしているのが良く、行動を起こしてはならない。

六四《りくし》。　樽酒《そんしゅ》簋《き》弐《じ》、缶《ほとぎ》を用《もち》う。約《やく》を納《い》るるに牖《まど》よりす。終《つい》に咎《とが》无《な》し。

困難なときなので、何ごとも虚礼をはぶき、質素倹約をして、その誠意が通じることを心がけるべきである。人をもてなすにも質素な酒や料理にして素朴な器を使う。人とやりとりをするときなども、格式《かくしき》ばらずに窓口で行うようにする。そうすれば、はじめは困難であっても最後には災いを免《まぬが》れる。

九五《きゅうご》。　坎《あな》盈《み》たず。既《すで》に平《たいら》かなるに祇《いた》らば、咎《とが》无《な》し。

困難を解消する責任があるが、困難さはいまだに解消していない。しばらく忍耐して時期の来るのを待つべきである。まもなく災いはなくなる。

上六《じょうりく》。係《つな》ぐに徽纆《きぼく》を用《もち》い、叢棘《そうきょく》に寘《お》く。三歳《さんさい》まで得《え》ず。凶《きょう》。

道を失って、深い困難に落ち込んでいる。たとえば、頑丈な縄で縛られて、イバラで囲まれた牢獄に入れられているような状態である。三年たつまで抜け出すことができない。凶である。

30 離《り》爲《い》火《か》

䷝

離《り》は、貞《ただ》しきに利《よ》ろし。亨《とお》る。牝牛《ひんぎゅう》を畜《やしな》えば吉《きち》。

離《り》は火であり、明るいこと、また付《つ》くこと。すべての物は何物かに付《つ》いている。自分が付《つ》いている人や仕事、道も離である。正しい道を固く守っていればうまく行く。メスの牛のような柔順な徳を養い守れば、吉にして福を得られる。

初九《しょきゅう》。履《ふ》むこと錯然《さくぜん》たり。之《これ》を敬《けい》すれば咎《とが》无《な》し。

行動を起こしはじめのときは、ものごとが錯雑《さくざつ》して入り乱れるので、踏み進めるところを深く慎《つつし》み、慎重にことを処置する。それによって咎《とが》められる過失はない。

六二《りくじ》。黄離《こうり》。元《おお》いに吉《きち》。

徳をそなえ柔順で正しい位置についている。大いに吉である。

*中央の色である黄色につくという解釈がある。

九三《きゅうさん》。日《ひ》昃《かたむ》くの離《り》。缶《ほとぎ》を鼓《う》ちて歌《うた》わず。則《すなわ》ち大耋《だいてつ》の嗟《なげき》あり。凶《きょう》。

日がすでに西に傾いたときの、わずかに残った明るさになっている。人が酒の器を叩いても、それに応じて歌うことをしない。それでは八十歳の老人が衰えをなげくようなことになって、凶である。

九四《きゅうし》。突如《とつじょ》として其《そ》れ來如《らいじょ》たり。焚如《ふんじょ》たり、死如《しじょ》たり。棄如《きじょ》たり。

突如としてまずいことを起こし、失敗して火で焼かれ、死んでしまい、死骸が棄てられるような酷《ひど》い事態になる。大いなる凶である。

六五《りくご》。涕《なみだ》を出《いだ》して沱若《たじゃく》たり。戚《いた》みて嗟若《さじゃく》たり。吉《きち》。

他から迫られておさえることができず、涙が流れて雨のようだ。憂いて悲しんでいる。これを深く危《あや》ぶんで適切な処置をするので、災い転じて福となり、吉を得る。

上九《じょうきゅう》。王用《おうもっ》て出征《しゅっせい》す。嘉《よ》きこと有《あ》りて首《かしら》を折《くじ》く。獲《う》るもの其《そ》の醜《たぐい》に匪《あら》ざれば、咎无《とがな》し。

強く聡明な賢人を用いて、大きなことに取り組む。高い成果があって、敵対する者を制することができる。下の者には寛大《かんだい》な処置を行うようにすれば、咎《とが》められる過失はない。

31

澤《たく》山《ざん》咸《かん》 ䷞

咸《かん》は、亨《とお》る。貞《ただ》しきに利《よ》ろし。女《じょ》を取《めと》るに吉《きち》。

咸《かん》は感じること、感情が心の中で動くこと。ものとものとが感じ合い応じるので、いろいろなものごとが通じ、うまく行くようになる。感応するのは、正しい道に合っているのが良い。自分の心がけが正しく、それを相手の人が感じて、先方から和《なご》み喜んで応じてくるときは、その人と親しく交わって吉である。同様に、女を娶《めと》るのは吉である。

初六《しょりく》。其《そ》の拇《おやゆび》に咸《かん》ず。

感応は微《かす》かで、わずかに足の親指に感じる程度である。人が動こうとするときは足の親指から始まるので、親指に感じるのは、思いが外に応じ始めている。まだ進んで行こうとするまでには至っていない。

六二《りくじ》。其《そ》の腓《こむら》に咸《かん》ず。凶《きょう》。居《お》れば吉《きち》。

感じるのが、足の指からふくらはぎにのぼった。ふくらはぎは自分では動くことができず、足や股《もも》に従って動く。自分自身にしっかりした意思がなく、近くにいる人に動かされて、軽率に動くのは凶である。そこで、じっと止《とど》まっていて、上から求められるのを待って、はじめて動くようにすれば吉である。

九三《きゅうさん》。其《そ》の股《もも》に咸《かん》ず。其《そ》の隨《したが》うを執《と》る。往《ゆ》けば吝《りん》。

感じるのが深くなって股《もも》に感じる。身体の他の部分に従って動いている。正しい道を守って人を感じさせるべきなのに、自分にしっかりした定見がなく、人に従って軽率に動いているのである。自分がいるべき場所にとどまることができず、進めば恥ずべき結果になる。

九四《きゅうし》。貞《ただ》しければ吉《きち》にして悔亡《くいほろ》ぶ。憧憧《しょうしょう》として往來《おうらい》すれば、朋《とも》爾《なんじ》の思《おも》いに従《したが》う。

心においてものごとを感じるときに、私心がなく公正で、あらゆるものに感応するならば、吉にして悔《く》いることがない。しかし、縁故のある同類の仲間とのみ感応して、しきりに行ったり来たりしていたら、その仲間だけが自分の思いに従うようになる。それでは、感応するところの道が小さくなってしまう。

九五《きゅうご》。其《そ》の脢《ばい》に咸《かん》ず。悔无《くいな》し。

背中の肉のように、何事にも感応しない。このように行動も感動もせずにいれば、後悔することはない。

上六《じょうりく》。其《そ》の輔《ほ》頬舌《きょうぜつ》に咸《かん》ず。

顎《あご》と頬《ほほ》と舌で口になる。口はきわめてものに感応しやすい。ものに感じたらすぐに口に出してしまうのは、よろしくない。正しい位置に静かに止《とど》まり、そうして感じ喜ぶべきである。

32 雷《らい》風《ふう》恒《こう》

䷟

恒《こう》は、亨《とお》る。咎《とが》无《な》し。貞《ただ》しきに利《よ》ろし。往《ゆ》く攸《ところ》有《あ》るに利《よ》ろし。

恒《こう》は、久しく変化しないこと。いかなる場合にも変化しない根本がある。自分の守るべき道を常に変えることなく、久しく守っているので、うまく行くようになる。咎《とが》を受ける過失はない。正しい道を守って行くのが良い。ときによっては、根本を守りながらも、変化に応じて適切な進化をさせて行くのが良い。

初六《しょりく》。恆《こう》を浚《ふか》くす。貞《ただ》しけれども凶《きょう》。利《よ》ろしき攸《ところ》无《な》し。

相手に向かって最初から、いろいろなことを深く要求する。目指すところは正しくても凶である。何をしてもうまく行くはずがない。

九二《きゅうじ》。悔亡《くいほろ》ぶ。

本来ならば後悔するところであるが、正しい道を久しく外《はず》れることがないので、悔《く》いるようなことはない。

九三《きゅうさん》。　其《そ》の徳《とく》を恆《つね》にせず。或《ある》いは之《これ》が羞《はじ》を承《う》く。貞《ただ》しけれども吝《りん》。

自分の守るべき徳を長く保持することができない。心に節操《せっそう》がなく、人に受け入れられずに、恥をかくことになる。たとえ行いが正しくても恥ずべきである。

九四《きゅうし》。　田《かり》して禽《えもの》无《な》し。

狩猟に出ても獲物がない。同じところでじっと待っていても、求めるものは得られない。自分の居るべきところではないからである。

六五《りくご》。　其《そ》の徳《とく》を恆《つね》にして貞《ただ》し。婦人《ふじん》は吉《きち》なれど、夫子《ふうし》は凶《きょう》。

従順の徳を守り続けようとすること自体は正しい。しかし、このような態度は内を守る者には吉だが、新たな状態に人を導く者にとっては凶である。

上六《じょうりく》。恆《こう》を振《ふる》う。凶《きょう》。

これまで長く続いていたことを、適切な順序を経ずに変革する。凶であり、大きな失敗を招く。

33

天《てん》山《ざん》遯《とん》 ䷠

遯《とん》は、亨《とお》る。小貞《しょうてい》に利《よ》ろし。

遯《とん》は退き避けること、隠遁《いんとん》すること。自分の身を世間から逃《のが》れさすことで、自分の志を曲げることなく、自分の道を伸ばすことができる。小さなことならば、正しい道を守っていることで、良い結果を得ることができる。

初六《しょりく》。遯《とん》の尾《び》なり。厲《あや》うし。往《ゆ》く攸《ところ》有《あ》るに用《もち》うる勿《なか》れ。

逃《のが》れるときのしっぽの位置にいて、取り残されている。身に危険がおよぶ。いまとなっては、逃げるのに加わらずに、現在の場所で身を縮めるようにじっとしていれば、災いを受けることはない。

六二《りくじ》。之《これ》を執《と》るに黄牛《こうぎゅう》の革《かわ》を用《もち》う。之《これ》を説《と》くに勝《た》うる莫《な》し。

意志の固いことは、黄色のしなやかな牛革で結びつけたようだ。これを解き離すことのできる者はいない。

九三《きゅうさん》。遯《とん》に係《つな》がる。疾有《やまいあ》り。厲《あや》うし。臣妾《しんしょう》を畜《やしな》うには吉《きち》。

逃げるときなのに、他につながれて逃げることができない。病気になったように悩み苦しむ。災いを受けそうな危ない状態である。迫ってくるものに対しては、下男下女を養うように、あまり遠ざけも近づけもせず、憎むことをせず、厳しく取り扱うときは吉である。

九四《きゅうし》。好《この》めども遯《のが》る。君子《くんし》は吉《きち》、小人《しょうじん》は否《しか》らず。

自分の好むところがあっても、退くべきときには決然として捨てて逃《のが》れる。俗事や名利にとらわれない者は退くことができて吉だが、小人は正しい道によって身を処することができず、その身を誤って災いを受ける。

九五《きゅうご》。嘉《よ》く遯《のが》る。貞《ただ》しくて吉《きち》。

まさに逃《のが》れるべきときに、善く美しく退くことができる。正しい道を固く守っているので吉にして福を受ける。

上九《じょうきゅう》。肥《ゆた》かに遯《のが》る。利《よ》ろしからざる无《な》し。

心をひかれるところは何もなく、超然として高く逃《のが》れ、心に疑いもなく、悠々としている。いかなる場合でも良くないことはない。

34 雷《らい》天《てん》大《たい》壮《そう》

大壮《たいそう》は、貞《ただ》しきに利《よ》ろし。

大壮《たいそう》は大いなる者が盛んなこと。強く盛んなときは慢心して調子に乗りすぎ、破れを生じやすいので、あるべき状態にあるように、筋道を大事にして、正しい道を固く守るのが良い。

初九《しょきゅう》。趾《あし》に壮《さか》んなり。征《ゆ》けば凶《きょう》。孚《まこと》有《あ》り。

下の立場にありながら、勢いが強すぎて、盛んに進もうとする。身のほどを知らずに進むので凶である。誠実な意志を持っていても行くところがなくなる。

九二《きゅうじ》。　貞《ただ》しくて吉《きち》。

行き過ぎもせず、控え過ぎることもなく、正しい道を固く守っているので、吉にして福を受ける。

九三《きゅうさん》。　小人《しょうじん》は壯《そう》を用《もち》い、君子《くんし》は罔《もう》を用《もち》う。貞《てい》なれども厲《あや》うし。羝羊藩《ていようまがき》に觸《ふ》れて其《そ》の角《つの》を羸《から》める。

道徳の少ない小人は、自分の強さと勢いにまかせて進んで行こうとするが、道徳のある君子は勢いを用いない。強い勢いを使って進んで行くのは、目的が正しくても危《あや》うい。たとえば、雄羊《おひつじ》が垣根に角《つの》をひっかけて、動きが取れなくなって苦しむようだ。

九四《きゅうし》。　貞《ただ》しくて吉《きち》。悔亡《くいほろ》ぶ。藩決《まがきひら》けて羸《から》まず。大輿《だいよ》の輹《とこしばり》に壯《さか》んなり。

正しい道を固く守っているので、吉にして福を得る。悔《く》いるべき欠点はない。垣根は開けていて、角《つの》がひっかかって苦しむことはない。大きく丈夫な車の車輪を連結する物も強固であり、力強く勢いを持って進んで行くことができる。

六五《りくご》。　羊《ひつじ》を易《さかい》に喪《うしな》う。悔无《くいな》し。

たとえば、好んで物に突っかかる羊を田畑の境でなくしたように、盛んな性質が消えて従順になる。後悔すべき失敗はない。

＊羊が忽然といなくなったのでそれに気づかないという解釈がある。

上六《じょうりく》。羝羊藩《ていようまがき》に觸《ふ》れ、退《しりぞ》くこと能《あた》わず、遂《すす》むこと能《あた》わず。利《よ》ろしき攸《ところ》无《な》し。艱《なや》めば則《すなわ》ち吉《きち》。

たとえば、雄羊《おひつじ》が垣根に引っかかって、退くこともできず、進むこともできなくなっているようだ。良いところがない。なぜそうなったのかを反省して悔《く》い改め、苦しんで憂えれば吉である。

35

火《か》地《ち》晋《しん》 ䷢

晉《しん》は、庚侯用《こうこうもっ》て馬《うま》を錫《たてまつ》ること蕃庶《はんしょ》なり。晝日《ちゅうじつ》に三《み》たび接《せっ》す。

晋《しん》は、進むこと、上へ進み昇《のぼ》ること。太陽が地の上に現れ出て地上を照らしている様子。
たとえば、天子の恩沢《おんたく》が天下に行き渡り、自分の領地である国や人々を安んずる諸侯《しょこう》は、天子に貢物《みつぎもの》を奉《たてまつ》り、数多くの自国の馬を献納《けんのう》する。天子はこれを優遇して、昼間の間に三回も接見するごとくである。（儀《ぎ》礼《らい》の覲礼《きんらい》にある儀式）
＊天子から褒美として多くの馬を賜り、一日に三度も天子に接見することを許されるという解釈もある。

初六《しょりく》。晋如《しんじょ》たり摧如《さいじょ》たり。貞《ただ》しくて吉《きち》。孚《まこと》とせらるること罔《な》けれども、裕《ゆた》かなるときは咎无《とがな》し。

進んでも阻《はば》まれて挫《くじ》けてしまう。しかし、正しい道を守っているので吉である。周囲からは信じてもらえなくても、自分の心を広く豊かにして、ゆったりと落ち着いていれば、咎《とが》められる失敗はない。

六二《りくじ》。晋如《しんじょ》たり愁如《しゅうじょ》たり。貞《ただ》しくて吉《きち》。茲《こ》の介《おお》いなる福《ふく》を其《そ》の王母《おうぼ》に受《う》く。

進もうとしても容易に進むことができずに悩み悲しむ。しかし、正しい道を固く守っているので吉にして福を受ける。たとえば、大いなる福を祖母から受けるように、上の立場にある者から福を受けるようになる。

六三《りくさん》。衆允《しゅうまこと》とす。悔亡《くいほろ》ぶ。

多くの人々が、その志をまこととして信じるので、悔《く》いることがなくなる。

九四《きゅうし》。晋如《しんじょ》たる鼫鼠《せきそ》、貞《ただ》しけれど厲《あや》うし。

身の程を超えたところに進んでしまった大きいネズミのようである。

いま行っていることが正しい道にかなっているとしても、危《あや》うい状態である。

六五《りくご》。悔亡《くいほろ》ぶ。失得恤《しっとくうれ》うる勿《なか》れ。往《ゆ》けば吉《きち》にして利《よ》ろしからざる无《な》し。

悔《く》いるべきことはなくなる。ことがうまく運んだり、ときには運ばないこともあるが、それを憂えてはならない。目下の者を信頼して任せていけば、大きな功績をあげられる。進んで行けば吉にして万事がうまく行く。

上九《じょうきゅう》。其《そ》の角《つの》に晉《すす》む。維《こ》れ邑《ゆう》を伐《う》つに用《もち》うれば、厲《あや》うけれども吉《きち》にして咎无《とがな》し。貞《ただ》しけれども吝《りん》。

これよりも上には進むことのできないところまで進んだ。進み過ぎて、固い角《つの》のように剛強すぎる。これで自分のところの服従しない者を征伐するのは、危《あや》ういけれども吉にして咎《とが》はない。ただし、それが正しい道にかなっていたとしても、誇れるようなことではない。

36 地《ち》火《か》明《めい》夷《い》

䷣

明夷《めいい》は、艱《くる》しみて貞《てい》なるに利《よ》ろし。

明夷《めいい》は明るいものが破れ傷つくこと。この時期には、困難を耐《た》え忍《しの》んで、苦しみ悩みつつ正しさを守ることが良い。

上の者が権力をふるい、道理に暗く、正しいことを行わないために、傷つけられる。いまは、自分の才能を表に出さずに、日常の言葉を慎《つつし》み、自分を守るようにする。

初九《しょきゅう》。明夷《めいやぶ》る、于《ゆ》き飛《と》びて其《そ》の翼《つばさ》を垂《た》る。君子《くんし》于《ゆ》き行《い》きて、三日《みっか》食《くら》わず。往《ゆ》く攸《ところ》有《あ》れば、主人《しゅじん》言《げん》有《あ》り。

正義の行われない暗黒のときなので、危険を感じ、飛び去って、人の目につかないように翼を垂れて低く飛んでいく。君子は他のところに逃《のが》れるのに、三日間も食事をする暇がないほど急いで行く。よそに行った先では、人に疑われ、文句を言われる。

六二《りくじ》。明夷《めいやぶ》る、左股《さこ》を夷《やぶ》る。用《もっ》て拯《すく》うに馬壮《うまさか》んなれば、吉《きち》。

左の股《もも》が傷つけられ、歩くには支障がある。すみやかにこれを救うのに、脚力の強い馬の助けを得て逃げれば吉である。

九三《きゅうさん》。明夷《めいやぶ》る、于《ゆ》きて南狩《なんしゅう》して、其《そ》の大首《たいしゅ》を得《え》たり。疾《と》く貞《ただ》しく可《すべから》ず。

思いきって攻めに転じてみると、成果がある。ただし、急がずに徐々に行うべきである。

六四《りくし》。左腹《さふく》に入《はい》り、明夷《めいい》の心《こころ》を獲《え》て、于《ゆ》きて門庭《もんてい》を出《い》ず。

よく上の者の腹の中を探り、心が善良ではないことを知って、門庭を出て身を逃《のが》れるのが良い。

六五《りくご》。箕子《きし》の明夷《めいやぶ》る。貞《ただ》しきに利《よ》ろし。

たとえば、殷《いん》の箕子《きし》は暴虐《ぼうぎゃく》な紂王《ちゅうおう》に対して気が狂ったふりをして身を隠した。心の中で自分の正しい道を固く守って失わなければ良い。

上六《じょうりく》。明《あきら》かならずして晦《くら》し。初《はじ》めは天《てん》に登《のぼ》り、後《のち》には地《ち》に入《い》る。

道理に明らかではなく暗い。初めは上に登りつめるが、後には地に落ちる。

37 風《ふう》火《か》家《か》人《じん》

☲☴

家人《かじん》は、女《じょ》の貞《てい》に利《よ》ろし。

家人《かじん》とは一家の人のこと。家族。一家を治める道は、家の内の女性が正しい道を固く守るようにするのが良い。家族が良く治まるのは、一家の主人の言葉が真実であり、行いが常に一定して変わらないことによる。

家族が治まるとそれが及んで、周囲が治まり、さらに社会をより良くすることもできる。

初九《しょきゅう》。有家《ゆうか》を閑《ふせ》ぐ。悔《くい》亡《ほろ》ぶ。

家を治める初めにおいて、家人に正しい道を教え、正しい規律を定めて、人々が過ちを犯すことのないようにする。そうすれば、悔《く》いるべきことはない。

六二《りくじ》。遂《と》ぐる攸《ところ》无《な》し。中饋《ちゅうき》に在《あ》り。貞《ただ》しくて吉《きち》。

自分の考えを押し通して、ことを企《くわだ》てたり成《な》し遂《と》げることはしない。家族や客人のために、家の中で飲食を調理するように自分の務めを果たす。正しい道にかなっているので、吉にして福を受ける。

九三《きゅうさん》。家人《かじん》嗃嗃《かくかく》たり。厲《はげ》しきを悔《く》ゆれば吉《きち》。婦子《ふし》嘻嘻《きき》たれば、終《つい》には吝《りん》。

家を治めるのに、家族がその厳格さに苦しんで音をあげる。厳しすぎるのを反省するぐらいが吉である。家を治めるのに寛大すぎて、家族が朝から晩まで、騒がしく楽しんでいるようだと、最後には恥を受けることになる。

六四《りくし》。家《いえ》を富《と》ます。大吉《だいきち》。

善く家を治め、整えるので、家を豊かに充実させることができる。大いに吉である。

九五《きゅうご》。　王有家《おうゆうか》に假《いた》る。恤《うれ》うる勿《なか》れ。吉《きち》。

自分の身をもって一家の模範となり、家を治める道の最高に善い状態に至っている。一家の人々はこれに感化され、親子兄弟夫婦みなが和《なご》んでよく治まっているので、何にも憂える必要がない。すべて吉にして福を得られる。

上九《じょうきゅう》。　孚《まこと》ありて威如《いじょ》たれば、終《つい》に吉《きち》。

心の中に人を感動させるほどの真心があって、威厳があれば、最後には吉にして大きな福を受ける。

38 火《か》澤《たく》睽《けい》 ䷥

睽《けい》は、小事《しょうじ》に吉《きち》。

睽《けい》はそむく、反目すること。お互いの考えていることが異なって睨《にら》み合っている。家や組織内の人々が和合《わごう》しない状態である。多くの人々が協力しなくてもできるような、小さなことを行うなら吉でうまく行く。

初九《しょきゅう》。悔亡《くいほろ》ぶ。馬《うま》を喪《うしな》うも逐《お》うこと勿《なか》れ、自《おの》ずから復《かえ》る。悪人《あくにん》に見《まみ》えて咎无《とがな》し。

悔《く》いるべきことはなくなる。馬が逃げても、それを追いかけてはならない。そうすれば自然に帰ってくる。去る者を追わず、自《おの》ずから帰ってくるのに任せる。心がけの悪い者をも避けずに、寛容さをもって会うようにする。そうすれば、咎《とが》められるべき過失はない。

九二《きゅうじ》。主《しゅ》に巷《ちまた》に遇《あ》う。咎无《とがな》し。

公式な場所ではない街中で、理解し合える者と会って相談する。咎《とが》められるべき過失はない。

六三《りくさん》。輿《くるま》の曳《ひ》かるるを見《み》る。其《そ》の牛《うし》は掣《せい》。其《そ》の人《ひと》は天《てん》され且《か》つ劓《ぎ》。初《はじ》め无《な》くして終《おわ》り有《あ》り。

車が引かれているのを遠くから見ると、角《つの》が一本は上の方に曲がり、もう一本は下の方へ曲がっている悪い癖《くせ》のある牛である。牛を引いている人は、額に入墨をされて、鼻を切られた罪人のように見える。後にはそうでないことが分かって、親しく和合《わごう》するようになる。

初めは、上の者と下の者がお互いに事情が分からず、意思が通じないが、会って話し合えばお互いを理解して、うまくことを運ぶことができるようになる。

九四《きゅうし》。睽《そむ》きて孤《ひと》りなり。元夫《げんふ》に遇《あ》い、交《こも》ごも孚《まこと》あり。厲《あや》うけれども咎无《とがな》し。

目指すことが他の者と異なり、周囲に反目して孤立している。自分の考え方を改めて、やがて善良な人物に会い、互いに誠実な真心をもって接し、信じ合うようになる。危ない状態であるが咎《とが》を受けることはない。

六五《りくご》。悔亡《くいほろ》ぶ。厥《そ》の宗《ともがら》、膚《はだえ》を噬《か》む。往《ゆ》くも何《なん》の咎《とが》あらん。

後悔しやすい立場ではあるが、助けがあるので後悔することがない。その同類の仲間とは柔らかい肌の肉に食い込むように親しくなる。ことを進めても何の咎《とが》もない。

上九《じょうきゅう》。睽《そむ》きて孤《ひと》りなり。豕《いのこ》の塗《どろ》を負《お》うを見《み》、鬼《おに》を一車《いっしゃ》に載《の》す。先《さき》には之《これ》が弧《ゆみ》を張《は》り、後《あと》には之《これ》が弧《ゆみ》を説《と》く。寇《あだ》するに匪《あら》ず、婚《こん》媾《こう》せんとす。往《ゆ》きて雨《あめ》に遇《あ》えば則《すなわ》ち吉《きち》。

周囲と反目して孤独である。相手が泥まみれの豚のように見え、車に幽霊がいっぱい乗ってきたかのように恐怖を感じる。相手を警戒して弓の弦を張るが、後には疑惑が解消して弓の弦を外《はず》す。相手は攻めてこようとしているのではなく、自分と組もうとしていることが分かる。進んで和合《わごう》すれば、疑惑が消えて吉である。

39

水山蹇《すいざんけん》 ䷦

蹇《けん》は、西南《せいなん》に利《よ》ろし。東北《とうほく》に利《よ》ろしからず。大人《たいじん》を見《み》るに利《よ》ろし。貞《ただ》しくて吉《きち》。

蹇《けん》は険難《けんなん》があり妨《さまた》げのために歩けなくなり止《とど》まってしまうこと。平坦で安全なところに守り退くのは良いが、険しく危険なところに行くのは良くない。困難を切り抜けるには、道徳が高く力のある人に出会ってその助けを得るのが良い。正しい道を固く守っていれば吉にして難を乗り越えることができる。

初六《しょりく》。往《ゆ》けば蹇《なや》み、來《きた》れば譽《ほま》れあり。

進めば険難《けんなん》に悩むが、退き守って、静かにときがくるのを待てば、しばらくして先見の明があるとの誉《ほま》れを得るようになる。

六二《りくじ》。　王臣蹇蹇《おうしんけんけん》たり。躬《み》の故《ゆえ》に匪《あら》ず。

部下として険難《けんなん》に立ち向かい、苦労して力をつくす。それは、うまく行くか行かないかの問題ではなく、自分ひとりの利益のためでもない。

九三《きゅうさん》。　往《ゆ》けば蹇《なや》み、來《きた》れば反《かえ》る。

進めば険難《けんなん》に悩むが、退き守ったならば逆に安泰になる。他の者もこれを喜ぶ。

六四《りくし》。　往《ゆ》けば蹇《なや》み、來《きた》れば連《つら》なる。

進めば険難《けんなん》に悩むが、退き守ったなら、他の者と協力することができる。

九五《きゅうご》。大《おお》いに蹇《なや》むも、朋來《ともきた》る。

険難《けんなん》の真ん中にいるので大いに悩むが、仲間の助けを受けて、困難を切り抜けることができる。


上六《じょうりく》。往《ゆ》けば蹇《なや》み、來《きた》れば碩《おお》いなり。吉《きち》。大人《たいじん》を見《み》るに利《よ》ろし。

進めば険難《けんなん》に悩むが、退き守ったなら、大いなる功績を立てて吉である。志を同じくする賢者に従うのが良い。

40

雷《らい》水《すい》解《かい》 ䷧

解《かい》は西南《せいなん》に利《よ》ろし。往《ゆ》く所《ところ》无《な》ければ、其《そ》れ來《きた》り復《かえ》って吉《きち》。往《ゆ》く攸《ところ》有《あ》れば、夙《はや》くして吉《きち》。

解《かい》は解決・解消のこと。険難《けんなん》がとける時期なので、荒廃したところを復旧し育て養うのが良い。すでに険難《けんなん》が解消していて、特に行くべきところがないときには、もとの場所に帰ってきて落ち着いているのが吉である。まだ険難《けんなん》が解消していないことがあるならば、すぐに急いでそれを行うようにすれば吉である。

初六《しょりく》。　咎《とが》无《な》し。

困難な状況が解消しはじめるとき。咎《とが》を免《まぬが》れる。

九二《きゅうじ》。田《かり》して三狐《さんこ》を獲《う》、黄矢《こうし》を得《え》たり。貞《ただ》しくて吉《きち》。

たとえば、狩《かり》に行って三匹の狐をとらえ、しかも黄色の矢を取り戻すことができるように、問題の種を除く。隠れていたすべての悪事をあばき出し、小人を除いて、徳と正直さを取り戻すことができる。正しき道を固く守っているので吉である。

六三《りくさん》。負《お》うて且《か》つ乗《の》る。寇《あだ》の至《いた》るを致《いた》す。貞《ただ》しけれども吝《りん》。

背に荷物を背負う小人でありながら、貴人が乗るべき分不相応《ぶんふそうおう》な車に乗り、不適切な栄誉をむさぼろうとしている。そのため人々はこれを憎んで害を与えるようになる。自《みずか》ら招いた災いなので、いかに正しい道を守っているとしても恥を受ける。

九四《きゅうし》。而《なんじ》の拇《おやゆび》を解《と》く。朋至《ともいた》りて斯《これ》に孚《まこと》す。

困難の原因となった、良くない小人と交わることなく、これを解き放つようにする。すると自分と同類の仲間がやって来て、誠意をもって助けてくれる。

六五《りくご》。君子《くんし》維《こ》れを解《と》くこと有《あ》らば、吉《きち》。小人《しょうじん》に孚《まこと》有《あ》り。

良くない小人を除くようにすれば、良く全体がおさまって吉を得ることができる。小人が信服し、自然に退き去って害を及ぼすことがない。

上六《じょうりく》。公《こう》用《もっ》て隼《はやぶさ》を高墉《こうよう》の上《うえ》に射《い》て、之《これ》を獲《う》。利《よ》ろしからざる无《な》し。

除くことが難しい非常に悪い小人が、あたかもはやぶさのように高い城壁の上にいる。このはやぶさを射るように、この小人を討つのは禍根《かこん》を除くので大変良い。

41

山《さん》澤《たく》損《そん》 ䷨

損《そん》は、孚《まこと》有《あ》れば、元《おお》いに吉《きち》にして咎《とが》无《な》し。貞《ただ》しく可《す》べし。往《ゆ》く攸《ところ》有《あ》るに利《よ》ろし。曷《なに》をか之《これ》用《もち》いん。二《に》簋《き》用《もっ》て享《きょう》す可《べ》し。

損《そん》は減少、失う、減らすこと。下の者から過ぎた分を減らして、上の者に利用する際には、人々が納得するだけの誠実な真心があれば、大いに吉で咎《とが》められる過失はない。正しい道を固く守りながら、進んでことを行うのが良い。このようなときに何を用いるのかといえば、祭礼では質素な二皿のお供え物を用意するだけで十分である。ただし、いつも質素で良いわけではなく、ときを選ぶべきである。

初九《しょきゅう》。事《こと》を已《や》めて遄《すみや》かに往《ゆ》けば、咎《とが》なし。酌《く》みて之《これ》を損《そん》す。

自分のことを打ち捨てて、急いで助けに行けば問題がない。ただし、いろいろな事情をくんで、自分の持ち分を減らして知識や労力を提供するのは、やり過ぎない程度にする。

九二《きゅうじ》。貞《ただ》しきに利《よ》ろし。征《ゆ》けば凶《きょう》。損《そん》せずして之《これ》を益《えき》す。

自分の信ずるところを固く守って、心を正しくしているのが良い。進んでことをしようとするのは凶である。自分が損することをしないことで、相手を益することができる。

六三《りくさん》。　三人《さんにん》行《ゆ》けば則《すなわ》ち一人《ひとり》を損《そん》す。一人《ひとり》行《ゆ》けば則《すなわ》ち其《そ》の友《とも》を得《え》る。

三人で行けば猜疑心《さいぎしん》が出て迷いを起こし、友の一人を失ってしまう。一人で行けば、友を得ることができる。余《あま》りある者を減らして、足らない者を補《おぎな》うことで和合《わごう》一致する。

六四《りくし》。　其《そ》の疾《やまい》を損《そん》す。遄《すみや》かなら使《し》めば喜《よろこ》び有《あ》り。咎《とが》无《な》し。

自分の欠点や病をなおす。すみやかに行えば喜ぶ結果が得られて、災いはない。

六五《りくご》。　或《ある》いは之《これ》を益《えき》す。十朋《じっぽう》の龜《き》も違《たご》う克《あた》わず。元《おお》いに吉《きち》。

人々がみな自分の利益を求めずに、他者の利益を増そうとする。高価な亀甲で占うまでもないほど、大いに吉である。

上九《じょうきゅう》。損《そん》せずして之《これ》を益《えき》す。咎无《とがな》し。貞《ただ》しくて吉《きち》。往《ゆ》く攸《ところ》有《あ》るに利《よ》ろし。臣《しん》を得《え》て家无《いえな》し。

自分が損をすることをしないで、他者の利益を増す。災いはない。心を正しく守っていれば吉である。進んでことを行っても良い。部下たちも、自分の家さえ良ければという考えがなくなっている。

42 風《ふう》雷《らい》益《えき》 ䷩

益《えき》は、往《ゆ》く攸《ところ》有《あ》るに利《よ》ろし。大川《たいせん》を渉《わた》るに利《よ》ろし。

益《えき》は益す、増す、役に立つ、利益を与えること。上のものを減らして、下に利益を与える。下が豊かになれば、上も安定する。進んでことを行うのが良い。大きな川を渡るような大事を行ってもうまく行く。

初九《しょきゅう》。用《もっ》て大作《たいさく》を爲《な》すに利《よ》ろし。元《おお》いに吉《きち》ならば、咎《とが》无《な》し。

大いにことを行って功績をたてるのに良い。仕事の結果が素晴らしければ、咎《とが》を受ける過失はない。

六二《りくじ》。或《ある》いは之《これ》を益《えき》す。十朋《じっぽう》の龜《き》も違《たが》う克《あた》わず。永貞《えいてい》にして吉《きち》。王用《おうもっ》て帝《みかど》に享《きょう》す。吉《きち》。

自然と益がやってくる。高価な亀甲を使って占うまでもない。自分から進んで益を求めようとせず、永く心を正しく守っているので吉である。上から重要な役割が与えられる。天の助けを得て吉である。

六三《りくさん》。　之《これ》を益《えき》すに凶事《きょうじ》を用《もち》う。咎无《とがな》し。孚有《まことあ》りて中行《ちゅうこう》あり。公《こう》に告《つ》ぐるに圭《けい》を用《もち》う。

艱難辛苦《かんなんしんく》にであって、それに適切に対処し克服することで、大きな益を得る。心の中に誠意があり、私利私欲《しりしよく》の邪念《じゃねん》がなく、正しい道に従っている。上の人に真実のことを提案すれば承認されるようになる。

六四《りくし》。　中行《ちゅうこう》なれば公《こう》に告《つ》げて従《したが》わる。用《もっ》て依《よ》ることを爲《な》し國《くに》を遷《うつ》すに利《よ》ろし。

独断でことを行わず、偏《かたよ》らない正しい判断を上に伝えるようにすれば、上は受け入れてくれる。このような人物であれば、国のよりどころとなるものを作り出し、国を遷《うつ》すような大事を行っても良い。

九五《きゅうご》。孚《まこと》有《あ》りて恵心《けいしん》あり。問《と》う勿《なか》れ。元《おお》いに吉《きち》。孚《まこと》有《あ》りて我《わ》が徳《とく》を恵《けい》とす。

誠意をもって人々に益をもたらそうという、慈悲の心が深い。問うてみるまでもなく大いに吉である。そうすると、人々もまた誠意をもって自分たちの徳を高め、慈悲の心をもつようになる。

上九《じょうきゅう》。之《これ》を益《えき》すこと莫《な》し。或《あ》るいは之《これ》を撃《う》つ。心《こころ》を立《た》つること恆《つね》勿《な》し。凶《きょう》。

自分の利益ばかりを考えて、人々に益をもたらそうということがない。人々はこれを憎んで攻撃をするようになる。思うことや考えることに節《せっ》操《そう》がなく、始終変化する。凶である。

43

澤《たく》天《てん》夬《かい》

夬《かい》は、王庭《おうてい》に揚《あ》ぐ。孚《まこと》あって號《さけ》び、厲《あや》うきこと有《あ》り。告《つ》ぐること邑自《ゆうよ》りす。戎《じゅう》に即《つ》くに利《よ》ろしからず。往《ゆ》く攸《ところ》有《あ》るに利《よ》ろし。

夬《かい》は決断、裂《さ》き破る、断ち切ること。小人を思いきって排斥《はいせき》するには、まず公の場で相手の悪を大声で明らかにする。誠意をもって人々にその非をはっきりと伝えるべきだが、ことが重大なので危《あや》うさがある。慎重に進めるために、まず自分の周りの人々に知らせることから始めるようにする。いきなり小人を征伐《せいばつ》するようなことは良くない。そのように注意すればことを進めても良い。

初九《しょきゅう》。趾《あし》を前《すす》むるに壮《さか》んなり。往《ゆ》きて勝《か》たざるを咎《とが》と為《な》す。

前に進もうとして気があせっている。しかし、進んでも、応援もなく、計画もしっかり立てられていないために勝つことができないので、咎《とが》を受ける。

九二《きゅうじ》。惕《おそ》れて號《さけ》ぶ。莫夜《ぼや》に戎有《じゅうあ》れども恤《うれ》うる勿《なか》れ。

常に怖れて自《みずか》らを戒《いまし》め、人々に対して呼び叫んで警戒することを忘れず、慎重な準備をする。夜に敵が攻めて来ても、心配する必要はない。

九三《きゅうさん》。頄《つらぼね》に壯《さか》んなり。凶有《きょうあ》り。君子《くんし》は夬《き》るべきを夬《き》る。獨《ひと》り行《ゆ》きて雨《あめ》に遇《あ》い、濡《ぬ》るるが若《ごと》くにして慍《いか》らるること有《あ》れども、咎《とが》无《な》し。

小人を排斥《はいせき》しようという怒りの気持ちが強く、それが頬骨や額にまであらわれている。このように気がはやるのでは小人に気づかれて凶である。しかし、器量の大きい君子はそうではなく、やるときには思い切ってやる決心をもっている。一人でもやるつもりで急がずにときを待つので、小人に味方をしているのではないかという疑いをかけられることがあるが、終《つい》にはことを遂《と》げて咎《とが》を受けることはない。

九四《きゅうし》。臀《しり》に膚《はだえ》无《な》し。其《そ》の行《ゆ》くこと次且《ししょ》たり。羊《ひつじ》を牽《ひ》けば悔《くい》亡《ほろ》ぶ。言《こと》を聞《き》くも信《しん》ぜず。

尻の皮膚がむけてしまったように、落ち着いて座っていられない状態である。思い切って行おうと思っても、つい逡巡《しゅんじゅん》してしまう。羊飼いが羊を引くときのように、群れの後ろについて動くようにすれば心配は消えるだろう。しかし、強いものの後ろに従っていけば心配がないと言って教えても、高ぶっているので言葉を聞いても信じない。

九五《きゅうご》。莧陸《けんりく》なり。夬《き》るべきを夬《き》る。中行《ちゅうこう》なれば咎《とが》无《な》し。

小人は抜いても抜いても取りきれない山ごぼうのようだ。断固として、排斥《はいせき》するべきものを排斥《はいせき》する。小人にひかれずに、過激でなく偏《かたよ》りのない思いと行動をとることができれば咎《とが》を受けるべき過失はない。

上六《じょうりく》。號《さけ》ぶこと无《な》かれ。終《つい》に凶《きょう》有《あ》り。

いかに泣き叫んで救いを求めても誰も助けてはくれない。最後には凶となる。

44 天《てん》風《ぷう》姤《こう》

䷫

姤《こう》は、女壮《じょさか》んなり。女《じょ》を取《めと》るに用《もち》うる勿《なか》れ。

姤《こう》は思いがけなく出会うこと。一人の女が五人の男に会うのは盛んすぎる。このような女性と結婚してはいけない。

道徳のある君子が小人と出会っても、小人は巧みな言葉で人に取り入り媚《こ》び諂《へつら》う者なので、決して用いてはならない。

初六《しょりく》。金柅《きんじ》に繋《つな》ぐ。貞《ただ》しくして吉《きち》。往《ゆ》く攸《ところ》有《あ》れば、凶《きょう》を見《み》る。羸豕《るいし》孚《さわい》で蹢躅《てきちょく》たり。

これ以上勢いが増さないように、豚を金属でできた杭《くい》につないでおくようにする。このように正しさを守っていれば吉である。しかし、勝手に先に進ませるようであれば凶になる。痩せ細った豚が飛び跳ねて、手に負えなくなる。

九二《きゅうじ》。包《つと》に魚《うお》有《あ》り。咎《とが》无《な》し。賓《ひん》に利《よ》ろしからず。

茅《かや》でできた包みに魚を入れて、外に出さないようにしておく。このように小人を包み容れて外に出さず、進むのをおさえておけば災いはない。これを重要な人に会わせてしまうなど、さらに進めさせてしまうと良くない。

九三《きゅうさん》。臀《しり》に膚《はだえ》无《な》し。其《そ》の行《ゆ》くこと次且《ししょ》たり。厲《あや》うけれども大《おお》いなる咎《とが》は无《な》し。

尻の皮膚がむけてしまったように、落ち着いて座っていられない状態である。思い切って行おうと思っても、つい逡巡《しゅんじゅん》してしまう。それによって、引き込まれることがないので、危《あや》ういが大きな災いはない。

九四《きゅうし》。包《つと》に魚《うおな》无《な》し。起《た》てば凶《きょう》。

茅《かや》でできた包みには魚がいない。魚を得ようとして、思い切ってことを進めるのは、凶である。

九五《きゅうご》。杞《き》を以《もっ》て瓜《うり》を包《つつ》む。章《しょう》を含《ふく》む。天《てん》自《よ》り隕《お》つる有《あ》り。

小人を除き去るには、瓜（小人）の蔓《つる》が伸びてきて絡んできても、瓜を柳の枝で包容するようにして、過激な処置をしない。優れた道徳や才能を内に含み貯えて自《みずか》らを守るので、ときがくれば瓜は天から落ちてしまう。

上九《じょうきゅう》。其《そ》の角《つの》に姤《あ》う。吝《りん》なれども咎《とが》无《な》し。

角《つの》で人に突っかかるような強さで人に接する。下の者はなじまないので、孤立するが、そのために悪いところに引き込まれることもない。器量が小さくて恥ずかしいことだが咎《とが》められる過失はない。

45
澤《たく》地《ち》萃《すい》 ䷬

萃《すい》は亨《とお》る。王有廟《おうゆうびょう》に假《いた》る。大人《たいじん》を見《み》るに利《よ》ろし。亨《とお》る。貞《ただ》しきに利《よ》ろし。大牲《たいせい》を用《もち》いて吉《きち》。往《ゆ》く攸有《ところあ》るに利《よ》ろし。

萃《すい》は集まる、人や物がたくさん集まっていること。人や物が多く集まり、和《やわ》らぎ喜んでいるのでうまく行く。天子が先祖の墓に行って祭りをする。人々は天子を見て信服し、うまく行くようになる。正しい道を固く守るのが良い。立派な生贄《いけにえ》を供えるときは吉である。進んでことを行うのが良い。

初六《しょりく》。孚有《まことあ》れども終《お》わらず。乃《すなわ》ち亂《みだ》れ乃《すなわ》ち萃《あつ》まる。若《も》し號《さけ》べば一握《いちあく》して笑《わら》いと爲《な》る。恤《うれ》うる勿《なか》れ。往《ゆ》けば咎《とが》无し。

誠意や志があるが全うすることができない。誰につくかで心が乱れるが、やがて従うべき人に集まる。他に行こうとしたことを悔《く》いて泣き叫ぶとすぐに受け入れられ、手を握り合い、喜んで笑い合うことができる。心配しなくても進んで行けば、咎《とが》を受ける過失はない。

六二《りくじ》。引《ひ》かれて吉《きち》にして、咎《とが》无《な》し。孚《まこと》あれば乃《すなわ》ち禴《やく》を用《もち》いるに利《よ》ろし。

自分から進んで行くのではなく、上の人に引かれてから行けば吉であって、咎《とが》められる過失はない。心を正しく守ることができれば、簡素な祭りを行っても良い。心の中に真心があれば、外面の飾りはなくても良い。

六三《りくさん》。萃如《すいじょ》たり、嗟如《さじょ》たり。利《よ》ろしき攸《ところ》无《な》し。往《ゆ》けば咎《とが》无《な》けれど小《すこ》しく吝《りん》。

人と集まろうとしてもできずに、なげき悲しむばかりで、良いところがない。上の人に頼って行くのは、咎《とが》はないが、少し恥ずかしいところがある。

九四《きゅうし》。大《だい》ならば吉《きち》で咎无《とがな》し。

人々が公式ではない形で集まってくる。そこで私利私欲《しりしよく》によらず、大きな功績をあげることができれば吉で、咎《とが》はない。

九五《きゅうご》。有位《ゆうい》に萃《あつ》まる。咎无《とがな》し。孚《まこと》とせらるること匪《あら》ざるも、元《げん》永貞《えいてい》なれば、悔亡《くいほろ》ぶ。

正しい位にいて徳があるために、多くの人々や物がここに集まるので、咎《とが》められる過失はない。ただし、誠意に疑いを持つ人もいる。このようなときは、正しさを守り、長く努力を続ければ、必ず心配は消えるだろう。

上六《じょうりく》。賫咨《せいし》、涕洟《ていい》す。咎《とが》无《な》し。

上にいて孤立し、共に集まり楽しむことができる人が散り、財産などが散ってしまうので、なげき悲しみ、涙と鼻水を流す。咎《とが》を受けることはない。

46

地《ち》風《ふう》升《しょう》

䷭

升《しょう》は、元《おお》いに亨《とお》る。用《もっ》て大人《たいじん》を見《み》る。恤《うれ》うる勿《なか》れ。南征《なんせい》すれば吉《きち》。

升《しょう》は昇《のぼ》り進む、進んで上へ昇《のぼ》ること。人にへりくだって高ぶらず、従順の徳をもって正しい道に従うので、進み昇《のぼ》る道がうまく行われる。徳のある賢者を用いるようにする。心配する必要はない。進んで昇《のぼ》れば吉である。

初六《しょりく》。允《まこと》に升《のぼ》る。大吉《だいきち》。

人にへりくだり、高ぶらない徳をもっているので、賢人と親しみ、志を合わせて、本当に昇《のぼ》り進むことができる。大吉である。

九二《きゅうじ》。孚《まこと》あり乃《すなわ》ち禴《やく》を用《もち》うるに利《よ》ろし。咎无《とがな》し。

上の人と互いに真心をもって信頼し合っている。このようなときは、煩雑な儀礼や飾りを用いず、誠実な真心をもって仕事をする。たとえば、夏のお祭りのお供え物も少なくして真心をもってお祭りするようなものである。咎《とが》められる過失はない。

九三《きゅうさん》。　虚邑《きょゆう》に升《のぼ》る。

昇《のぼ》り進んでも、これをさまたげるものはなく、あたかも人なき村を行くがごとくに昇《のぼ》り進むことができる。

六四《りくし》。　王用《おうもっ》て岐山《きざん》に亨《きょう》す。吉《きち》にして咎《とが》无《な》し。

周の文王《ぶんのう》が領内にある岐山《きざん》を祭って、諸侯《しょこう》としての位置に安んじて、天子としての礼を行うようなことをせず、従順にして正しい道を守っていた。進み昇《のぼ》ることができるのに、それを差し控えている。吉にして福を得て、咎《とが》められる過失はない。

六五《りくご》。　貞《ただ》しくて吉《きち》。階《きざはし》に升《のぼ》る。

柔順にして偏《かたよ》らない徳をもっていて賢人を信任《しんにん》している。正しい道を固く守っていて吉にして大いなる福を受ける。たとえば、階段を上《のぼ》るように、順次にやすやすと進み昇《のぼ》ることができる。

上六《じょうりく》。冥《くら》くして升《のぼ》る。息《や》まざるの貞《てい》に利《よ》ろし。

心が暗く知恵が明らかでないので、やみくもに上へ昇《のぼ》ることばかりを考えて、止《とど》まることを知らない。このままでは災いを受けるようになる。日々に怠《おこた》ることなく、心を正しく守り続けることが良い。

47 澤《たく》水《すい》困《こん》 ䷮

困《こん》は、亨《とお》る。貞《ただ》しい大人《たいじん》は吉《きち》にして咎《とが》无《な》し。言《い》うこと有《あ》るも信《しん》ぜられず。

困《こん》は困窮すること。行き詰まって、乏しく、進む力もなく、苦しみ悩むこと。困難な状況でも、悲観したり落胆することがなく、人と力を合わせて難局にあたり、困難を克服していけば伸び栄えることができる。艱難《かんなん》の中でも落ち着いており、自分の守るべき道を守って、道を楽しんでいるような人は吉であって、咎《とが》められる過失はない。困窮のときには、それを抜け出すために自分に都合の良い話をしがちだが、このような状況ではいくら話をしても相手から信用されないので、むしろ沈黙してときを待ったほうが良い。

初六《しょりく》。　臀株木《しりしゅぼく》に困《くる》しむ。幽谷《ゆうこく》に入《い》りて、三歳《さんさい》まで覿《あわ》ず。

木の切り株に座って臀《しり》が痛むようにひどく困窮する。愚かなものの見方や考え方のために艱難《かんなん》に陥《おちい》って、まるで奥深い谷底に迷い込んだようにあたりの様子も暗くてはっきりせず外に出ることもできない。三年間も会いたいと思う人に会えないような状態である。

九二《きゅうじ》。　酒食《しゅし》に困《くる》しむ。朱紱《しゅふつ》方《まさ》に來《きた》らんとす。用《もっ》て享祀《きょうし》するに利《よ》ろし。征《ゆ》けば凶《きょう》。咎《とが》无《な》し。

困難にあって苦しむが、わずかに酒や食べ物をもって自《みずか》らを養い、落ち着いて静かに時期を待つ。やがて朱色の膝掛《ひざか》けをした天子が賢人を求めて来る。そのときは、お供え物をもって祖先を祭るように、真心をもって仕事に当たるべきである。ただし、求めて来るのを待たずに、こちらから行くときは凶である。その志は正しいので咎《とが》められるような過失はない。

六三《りくさん》。石《いし》に困《くる》しみ、蒺蔾《しつり》に據《よ》る。其《そ》の宮《きゅう》に入《い》りて、其《そ》の妻《つま》を見《み》ず。凶《きょう》。

前に固く大きな石がふさいでいてひどく苦しむ。硬いトゲのあるイバラ（ハマビシ）の上に座っているようでいたたまれない。進退できずに、自分の家に帰ってみれば、妻や仲間は逃げ出して姿が見えない。凶である。

九四《きゅうし》。來《く》ること徐徐《じょじょ》たり。金車《きんしゃ》に困《くる》しむ。吝《りん》なれども終《おわ》り有《あ》り。

下の者を助けようと思うがぐずぐずしている。たとえば、重い物を載せている金属製の車が道をさえぎって進むことができないで苦しむような状態である。このように進退が遅いのは恥ずかしい状態といえるが、最後には助けることができる。

九五《きゅうご》。劓《はなき》り刖《あしき》る。赤紱《せきふつ》に困《くる》しむ。乃《すなわ》ち徐《おもむ》ろに説《よろこ》び有《あ》り。用《もっ》て祭祀《さいし》するに利《よ》ろし。

世の中に害をなす小人の鼻を切ったり足を切ったりして刑に処す。賢人を（赤い膝掛《ひざか》けをする官位に）用いようと思うが、初めは思うようにならない。後に賢人を用いることができるようになって大いに喜ぶようになる。祭礼のときに真心を尽《つ》くすように、賢人と共に誠意をもってことにあたるのが良い。

上六《じょうりく》。葛藟《かつるい》に臲卼《げつごつ》に困《くる》しむ。曰《いわ》く動《うご》けば悔《く》ゆと。悔《く》ゆること有《あ》りて征《ゆ》けば吉《きち》。

カズラが盛んに伸びて樹木が巻き付かれ、高いところで不安定になって苦しむ。自《みずか》ら「このままの状態で動いたら必ず後悔するだろう」と言って、反省し、自分のいたらなさを悔《く》い改めて、いままでのやり方を正しく変えたならば、先に進んで吉を得る。

48 水《すい》風《ふう》井《せい》

䷯

井《せい》は、邑《ゆう》を改《あらた》めても井《せい》を改《あらた》めず。喪《うしな》う无《な》く得《え》る无《な》し。往來井《おうらいせい》を井《せい》とす。汔至《ほとんどいた》るも、亦未《またいま》だ井《せい》を繘《きっせ》ず。其《そ》の瓶《つるべ》を羸《やぶ》る。凶《きょう》。

井《せい》は井戸のこと。村は他の地に移されることはあっても、井戸は水脈があるので移すことができない。井戸はいくら汲み上げても枯れることはなく、汲まないでいても溢《あふ》れることがない。往来する者は誰でも、自由に井戸を井戸として利用することができる。井戸は人格を養うのに似ていて、常に努力して、清らかにし、整えておくべきものだ。いざ人々が井戸を使おうとしたときに、つるべがほとんど水に届きそうなところまでいっていながら引き上げたり、つるべ縄の長さが足りないとか、またそのつるべが壊れていては、せっかくの井戸の効用も発揮されずに凶である。

初六《しょりく》。　井泥《せいでい》して食《くら》われず。旧井《きゅうせい》に禽《きん》无《な》し。

人格や知識・能力が貧しく、まだ役に立たない。たとえば、井戸が泥でにごって飲むことができない状態である。誰も使わないので、井戸の周りには水が残っておらず、鳥さえも飛んでこない。

九二《きゅうじ》。　井谷《せいこく》鮒《ふな》に射《そそ》ぐ。甕《かめ》敝《やぶ》れて漏《も》る。

知識や能力を用いてくれる者がいない。たとえば、井戸の中から湧き出る水は井戸の底にいる鮒に注いで恩恵を与えている程度である。また、井戸に水がありながら、これを汲みあげるつるべが壊れていて水が漏るような状態である。

九三《きゅうさん》。井渫《せいさら》えども食《くら》われず。我《わ》が心《こころ》の惻《いた》みを為《な》す。用《もっ》て汲《く》む可《べ》し。王明《おうあき》らかなれば、並《とも》に其《そ》の福《さいわい》を受《う》く。

知識や能力がありながら、それを認めて登用してくれる者がいない。たとえば、井戸の底の泥やゴミを取り除いて、水がきれいになったのに飲んでもらえない状態である。人々がこれを見てなげき悲しんでいる。ただし、これは用いて飲まれるべきものなので、引き上げる側の目が明らかならば、皆が幸いを受けることができる。

六四《りくし》。井甃《せいいしだたみ》す。咎《とが》无《な》し。

井戸の内側の石畳も手入れができている。外から来る邪智《じゃち》を石の壁のように防ぎ、内の徳をしっかりと守っているので咎《とが》められる過失はない。

九五《きゅうご》。井洌《せいきよ》くして、寒泉食《かんせんくら》わる。

私利私欲《しりしよく》のある自分を内省して掘り下げ、心の汚《けが》れを取り去り、清らかな人物になった。おかげで人々がその恩恵を受けることができる。たとえば、井戸の水が清く澄んで、湧き出る冷たい水を人々が喜んで飲むようだ。

上六《じょうりく》。井収《せいく》みて幕《おお》うこと勿《なか》れ。孚《まこと》有《あ》り元《おお》いに吉《きち》。

誰もが自由に井戸の水を汲めるように、覆《おお》いなどをしてはならない。後から来る人々に飲ませたいという誠意があるので、大いに吉である。

49 澤《たく》火《か》革《かく》

革《かく》は、已日《きじつ》にして乃《すなわ》ち孚《まこと》とせらる。元《おお》いに亨《とお》り貞《ただ》しきに利《よ》ろし。悔亡《くいほろ》ぶ。

革《かく》は革新、革命のこと。大きな改革をするには、時機《じき》が十分に熟すのを待ち、世の中の情勢が改革を求める気運になってから、真心をもって行えば人々に信頼されるようになる。そうするとき、ことはうまく進んで行く。正しい道を固く守って行うのが良い。悔《く》いるべきことはなくなる。

初九《しょきゅう》。鞏《かた》むるに黄牛《こうぎゅう》の革《かわ》を用《もち》う。

革新のときの初めなので、まだ何かをしてはならない。黄牛の皮で自分を束ねるように、偏《かたよ》りのない穏やかさで我が身を固く守るようにする。

六二《りくじ》。　巳日《きじつ》にして乃《すなわ》ち之《これ》を革《あらた》む。征《ゆ》けば吉《きち》にして咎《とが》无《な》し。

十干《じっかん》の日が半《なか》ばをすぎた六日目、すなわち時機《じき》が十分に熟してから、これを改革する。このように進んで行けば、吉であって咎《とが》を受ける過失はない。

九三《きゅうさん》。　征《ゆ》けば凶《きょう》。貞《ただ》しけれども厲《あや》うし。革言《かくげん》三《み》たび就《な》れば、孚《まこと》有《あ》り。

性急で勢いに任せた行動になりやすい。進んでことを行うのは凶である。目的や志が正しくても危険である。人々から改革すべきだとの声が三度もあがるようになれば、ことを進めても正しいことだと認められる。

九四《きゅうし》。悔亡《くいほろ》ぶ。孚有《まことあ》りて命《めい》を改《あらた》めれば、吉《きち》。

本来は後悔しそうなことだが、ときが来たので心配はない。正しい目的と誠意があって、ことを改める志を宣言すれば、人々もこれを信じて、吉である。

九五《きゅうご》。大人虎變《たいじんこへん》す。未《いま》だ占《うらな》わずして孚有《まことあ》り。

大きなことを革新して、高い功績をあげるような道徳才能を備えた人物が、古いものを改め、新しいものを作ったならば、たとえばトラの毛が抜け変わって、その模様がはっきりと美しく輝くように変化が分かる。占うまでもなく、人々から正しいことだと信じられる。

上六《じょうりく》。君子《くんし》豹變《ひょうへん》す。小人《しょうじん》は面《めん》を革《あらた》む。征《ゆ》けば凶《きょう》なり。居《お》れば貞《ただ》しくして吉《きち》。

革新のいとなみに参加した、私心のない徳のある人物は、豹《ひょう》の毛が抜け変わっていくように改まって、美しい模様を完成させていく。知恵や道徳の低い小人は、表面的には顔つきを改めておとなしく従っている。しかし、小人が内面を変えていないことを責めて追いつめるのは凶である。いまの成果をじっと保ち、心を正しく守っていれば、人々も信頼するようになって吉になる。

＊小人も向かうところを改めて従うようになるという解釈もある。

火《か》風《ふう》鼎《てい》 ䷱

鼎《てい》は、元《おお》いに吉《きち》にして亨《とお》る。

鼎《てい》はかなえ。煮炊きに用いるナベで祭礼の器である。かなえで物を煮炊きして神に供え、聖人や賢者を養う。人々が一致協力して新しいことを行うので、大いに吉にしてうまく行くようになる。

初六《しょりく》。鼎趾《ていあし》を顚《さか》しまにす。否《あしき》を出《い》だすに利《よ》ろし。妾《しょう》を得《え》て以《もっ》て其《そ》の子《こ》あり。咎《とが》无《な》し。

かなえを用いる最初のときなので、かなえを逆さにして、中に溜《た》まっている汚《けが》れを出してしまう。道から外《はず》れているように思えるが、汚《けが》れたものを出して、古い弊害を一掃するには良い。たとえば、昔は妾《めかけ》をもつ風習があったが、そのおかげで後継ぎの子ができて安泰になることもあった。良くない境遇にあっても、その場合に応じてうまく利用すべきであり、そうすれば咎《とが》められる過失はない。

九二《きゅうじ》。鼎《てい》に實有《じつあ》り。我《わ》が仇疾《あだにく》むこと有《あ》り。我《われ》に即《つ》く能《あた》わず。吉《きち》。

かなえの中に物が満たされているように、中身が充実している。自分の仲間はまだ古い考え方や慣習を脱していない欠点を持っている。しかし、自分に接近してきて自分を汚すことができないようにするので、吉にして福を受けることができる。

九三《きゅうさん》。鼎《てい》の耳革《みみあらた》まり、其《そ》の行塞《こうふさ》がる。雉《きじ》の膏食《あぶらくら》われず。方《まさ》に雨《あめ》ふらんとして悔《くい》を虧《か》く。終《つい》に吉《きち》。

かなえの中身は充実しているが、かなえの耳が熱くなり過ぎて変化してしまい、持ち上げることができない。雉子《きじ》の脂身も人に食べてもらえない。しかし、温和な態度を守っていれば、やがては悔《く》いるべき過失は少なくなり、最後には吉を得ることができる。

九四《きゅうし》。鼎足《ていあし》を折《お》り、公《こう》の餗《そく》を覆《くつが》えす。其《そ》の形渥《かたちあく》たり。凶《きょう》。

良い立場にいるが、徳や能力が備わっていない。適切ではない下の者を任用して失敗を招く。たとえば、かなえの足を折って、公《おおやけ》のご馳走をひっくり返して、体がベトベトに濡れるようなものである。災いが身に及んで凶である。

六五《りくご》。鼎《てい》に黄耳《こうじ》にして金鉉《きんげん》あり。貞《ただ》しきに利《よ》ろし。

徳と能力を備えている。たとえば、かなえに立派な黄色の耳と金属の弦《つる》が備わっているようだ。謙虚に下の者の言葉を聞き、賢人の応援を得て、心を正しく守っていれば大きな力を発揮できて良い。

上九《じょうきゅう》。鼎《てい》に玉鉉《ぎょくげん》あり。大吉《だいきち》にして利《よ》ろしからざる无《な》し。

奢《おご》ることがなく、柔軟さと強さを備えている。美しい玉石の弦《つる》を備えたかなえのようだ。周囲の人々を援助し、どのような仕事の役割でも、大吉ですべてがうまく行く。

51 震《しん》爲《い》雷《らい》 ䷲

震《しん》は、亨《とお》る。震《しん》の來《きた》るとき虩虩《げきげき》たり。笑言《しょうげん》啞啞《あくあく》たり。震《しん》は百里《ひゃくり》を驚《おどろ》かせども、匕《ひ》鬯《ちょう》を喪《うしな》わず。

震《しん》は雷鳴のこと。押さえ付けられて縮こまっていたものが突然に大きく動き始める場合には、必ず伸びて行くべきところに行くようになる。雷のような大変動が起きたときには、大いにおそれ慎《つつし》み、自《みずか》らを反省して道徳を修め養い、適切な処置をする。そうすれば、大変動が落ち着いたとき、和《やわ》らぎ楽しんで談笑し、泰平を楽しむことができる。雷が百里四方に轟《とどろ》いて、人々を驚かせても、狼狽《ろうばい》し動転して、祭礼の柄杓《ひしゃく》や酒を取り落とすようなことはしない。

初九《しょきゅう》。震《しん》の來《きた》るとき虩虩《げきげき》たり。後《のち》には笑言《しょうげん》啞啞《あくあく》たり。吉《きち》。

大変動が突然動き出すときには、大いに戒《いまし》め恐れて周到に準備をする。そうすれば、大変動が完了したときには、志を遂げることができ、和《やわ》らぎ楽しんで談笑することができる。吉にして福を得る。

六二《りくじ》。震《しん》の來《きた》るとき厲《あや》うし。億《はか》りて貝《ばい》を喪《うしな》い、九陵《きゅうりょう》に躋《のぼ》る。逐《お》う勿《なか》れ。七日《なのか》にして得《え》ん。

雷が来たときは大変危険である。あらかじめ良く考え、財産などは放っておき、高いところに登って安全を確保する。失った財産を追わなくても、時間がたてば再び自然に得ることができる。

六三《りくさん》。震《ふる》いて蘇蘇《そそ》たり。震《おそ》れて行《ゆ》けば眚《わざわい》無《な》し。

雷にあっておそれおののき、自分を失ったような状態で途方に暮れている。おそれ慎《つつし》んで、これまでのやり方を改めて正しい道に進んで行けば災いを受けずにすむ。

九四《きゅうし》。震《ふる》いて泥《どろ》に遂《お》つ。

雷にあっておそれおののき、泥にはまったように動きが取れなくなる。ことを成就《じょうじゅ》することはできない。

六五《りくご》。震《ふる》いて往《ゆ》くも來《きた》るも厲《あや》うし。億《はか》りて有事《ゆうじ》を喪《うしな》う无《な》し。

雷が過ぎ去って、また来るという危険な状態である。しかし、深く思慮するので、祭礼などのやるべきことを、やりそこなうことはない。

上六《じょうりく》。震《ふる》いて索索《さくさく》たり。視《み》ること矍矍《かくかく》たり。征《ゆ》けば凶《きょう》。震《ふる》うこと其《そ》の躬《み》に于《おい》てせず、其《そ》の鄰《とな》りに于《おい》てすれば、咎《とが》无《な》し。婚媾《こんこう》言《こと》有《あ》り。

雷に驚きと不安で意気消沈し、心が乱れて落ち着きなくあたりを見回している。こんな状態で進んでことを行うのは凶である。けれども、雷が自分の身体を襲ったのではなく、隣りまで来たことでおそれ慎《つつし》んでいるのであれば、防備をするので災いはない。ただし、互いにおそれて疑い合うために、婚姻関係を結んだような近しい者からも文句を言われる。

52 艮《ごん》為《い》山《さん》 ䷳

其《そ》の背《せ》に艮《とど》まりて其《そ》の身《み》を獲《え》ず。其《そ》の庭《にわ》に行《ゆ》きて其《そ》の人《ひと》を見《み》ず。咎《とが》无《な》し。

艮《ごん》とは、止《とど》まって動かないこと。人の身体でもっとも動かないところは背中である。その背中に意識が止《とど》まっていれば、感覚器官は身体の前にあるので、煩悩《ぼんのう》や欲求が湧き上がっても遂《と》げることができない。人の庭に行ってもその人を目に入れず、これに引かれることもなく、心身の安定を保つことができる。止《とど》まっているべきときに、止《とど》まるべきところに静かに止《とど》まっていれば、咎《とが》を受ける過失はない。

初六《しょりく》。其《そ》の趾《あし》に艮《とど》まる。咎《とが》无《な》し。永貞《えいてい》に利《よ》ろし。

本来ならば、一番先に動く足が、止《とど》まるべくして止《とど》まっているので、失敗はなく、咎《とが》められる過失はない。正しい道を永く固く守っているのが良い。

六二《りくじ》。其《そ》の腓《こむら》に艮《とど》まる。拯《すく》わずして其《そ》れ随《したが》う。其《そ》の心《こころ》快《こころよ》からず。

足の股《もも》の動きにふくらはぎがつられて動くように、相手の良くないところを正そうとしても、矯正できずに相手に従ってしまう。相手は話を聞いてもくれない。そこで、心の中は不快になる。

九三《きゅうさん》。其《そ》の限《こし》に艮《とど》まる。其《そ》の夤《いん》を列《さ》く。厲《あや》うくして心《こころ》を薫《くん》す。

腰《こし》が止《とど》まって動こうとしないので、身体が屈伸する自由を失う。無理に動こうとすれば背中の筋が裂けそうだ。上と下との境のところに頑固に止《とど》まっていて、上と下との連絡を断絶している。その危なさと不安から、心が煙で燻《いぶ》されるように苦しむ。

六四《りくし》。　其《そ》の身《み》に艮《とど》まる。咎《とがな》无し。

他の者を止《とど》めることはできないが、自分一人はしっかりと、我が身の止《とど》まるべきところに止《とど》まることができる。咎《とが》められる過失はない。

六五《りくご》。　其《そ》の輔《ほほぼね》に艮《とど》まる。言《い》うこと序有《じょあ》り。悔亡《くいほろ》ぶ。

あごと頬から出る言葉を慎《つつし》んで止《とど》まる。いざものを言うときには、言葉が道理にかなって筋道がたっている。悔《く》いるべきことはなくなる。

上九《じょうきゅう》。　艮《とど》まるに敦《あつ》し。吉《きち》。

素朴で誠実に、最後まで温厚で、止《とど》まるところに止《とど》まっているので、吉で福を得る。

53 風《ふう》山《さん》漸《ぜん》

漸《ぜん》は、女《じょ》の歸《とつ》ぐに吉《きち》なり。貞《ただ》しきに利《よ》ろし。

漸《ぜん》は次第に進む、順序をおって進歩すること。古代の中国では、結婚する際には、六つの儀式の順序を踏んで行くことが定められている。順序に沿って女性が嫁《とつ》ぐことを進めれば吉である。この徐々に進めるゆったりとした作法のように、正しい道を固く守って行けば良い。

初六《しょりく》。鴻《こう》干《みぎわ》に漸《すす》む。小子《しょうし》は厲《あや》うし。言《こと》有《あ》れども咎《とが》无《な》し。

大きな雁《がん》が水際まで進んで来て、陸にあがろうとして躊躇《ちゅうちょ》する。まだ力が弱いので急いで進もうとするのは危険である。しかし、慎重に少しずつ進むのなら、多少の批判を受けるが、過失はない。

六二《りくじ》。　鴻磐《こういわお》に漸《すす》む。飲食衎衎《いんしょくかんかん》たり。吉《きち》。

大きな雁《がん》が安全な岩まで進む。石の上に来て、そこに落ち着いて、進むべきときを待っている。和《やわ》らぎ楽しんで飲食して、いまの立場で努力しながら自分の身心を養っており、吉にして大いなる福を受ける。

九三《きゅうさん》。　鴻陸《こうりく》に漸《すす》む。夫《おっと》征《ゆ》きて復《かえ》らず、婦《ふ》孕《はら》みて育《やしな》わず。凶《きょう》。寇《あだ》を禦《ふせ》ぐに利《よ》ろし。

大きな雁《がん》が水を離れて陸地まで進む。たとえば、男性が浮気をして帰らず、女性は子供を産んでも育てようとしない状態である。先を急いで、本来の仲間から一人離れて、勝手な行動をしていたり、本来するべきことをしていない。凶である。仲間との協力関係を取り戻して、さまざまな誘惑や障害が起きるのを防ぐようにするのが良い。

六四《りくし》。　鴻《こう》木《き》に漸《すす》む。或《ある》いは其《そ》の桷《すみき》を得《う》。咎《とが》无《な》し。

大きな雁《がん》が足でつかむことのできない木の枝に進む。危険な状態である。ことによったら、平らで大きな横木に身を落ち着けることができるかもしれない。そうすれば過失はない。

九五《きゅうご》。　鴻《こう》陵《りょう》に漸《すす》む。婦《ふ》三歳《さんさい》まで孕《はら》まず。終《つい》に之《これ》に勝《か》つこと莫《な》し。吉《きち》。

大きな雁《がん》が高い丘にまで進む。共にいるべき人が、他にさまたげられて、親しみ合う機会がなかなか得られない。しかし、最後には邪魔することができなくなって、希望をかなえることができて吉である。

九六。　鴻《こう》逵《き》に漸《すす》む。其《そ》の羽《はね》は用《もっ》て儀《ぎ》と爲《な》す可《べ》し。吉《きち》。

大きな雁《がん》がはるか天空の雲の道まで進む。その羽は美しく、飛ぶ姿は整然と列をなして乱れない。これをもってまねるべき手本とすべきである。吉である。

＊その羽は儀式の飾りに用いられるべきであるという解釈がある。

54 雷《らい》澤《たく》歸《き》妹《まい》

䷵

歸《き》妹《まい》は、征《ゆ》けば凶《きょう》なり。利《よ》ろしき攸《ところ》无《な》し。

帰《き》妹《まい》とは年少の娘を嫁《とつ》がせること。女子が嫁《とつ》ぐにあたって自分の方から先立って行動を起こすのは凶である。良いところがない。

初九《しょきゅう》。　妹《いもうと》を帰《とつ》がするに娣《てい》を以《もっ》てす。跛《あしなえ》能《よ》く履《ふ》む。征《ゆ》きて吉《きち》。

たとえば、古代の中国の風習にあったように、少女の嫁入りのときには、添え嫁や副妻として嫁《とつ》ぐ。そのときには、あたかも足が不自由であるかのような立場で、十分な働きはできないが、自分の立場にあったできるだけのことをして行けば吉である。

九二《きゅうじ》。　眇《すが》めにして能《よ》く視《み》る。幽人《ゆうじん》の貞《てい》に利《よ》ろし。

従っている相手は、あたかも目が不自由であるかのように、遠大なところを見ることができない。自分は奥深いところに引っ込んで、正しい道を静かに守っているのが良い。

六三《りくさん》。　妹《いもうと》を帰《とつ》がするに以《もっ》て須《ま》つ。反《かえ》れば帰《とつ》ぐに娣《てい》を以《もっ》てす。

嫁《とつ》ぐ相手がいないので待っている。自《みずか》ら反省してこれまでの考え方を改めるときは、添え嫁や副妻として嫁《とつ》ぐことができる。

九四《きゅうし》。妹《いもうと》を帰《とつ》がするに期《とき》を愆《す》ぐ。帰《とつ》ぐを遅《ま》つこと時有《ときあ》り。

適当な相手を待っていてときを過ぎてしまった。しばらく待っていれば、必ず適当な人が現れて嫁《とつ》ぐことができるときがくる。

六五《りくご》。帝乙《ていいつ》、妹《まい》を帰《とつ》がす。其《そ》の君《きみ》の袂《たもと》は、其《そ》の娣《てい》の袂《たもと》の良《よ》きに如《し》かず。月望《つきぼう》に幾《ちか》し。吉《きち》。

殷《いん》の帝乙《ていいつ》が妹を臣下《しんか》の賢人《けんじん》に嫁《とつ》がせた。このようなときの衣服は、副妻にも劣るようなものを用いて、謙虚さを大切にする。満月になる前の月のように、驕《おご》り高ぶることなく控え目にしているので、吉を得ることができる。

＊徳は満月に近い月のように輝きを増すという解釈もある。

上六《じょうりく》。女《じょ》、筐《かご》を承《う》けて實《み》无《な》く、士《し》羊《ひつじ》を刲《さ》くに血《ち》无《な》し。利《よ》ろしき攸《ところ》无《な》し。

焦って適当ではない相手を見つけて婚約を結んだところ、女が嫁入りの支度にカゴを受け取っても中身が入っていないし、男が婚礼の支度に羊を割《さ》いても血が出ない。悪い兆《きざ》しである。誠実な思いがないので、良いところがない。

55
雷《らい》火《か》豊《ほう》 ䷶

豊《ほう》は、亨《とお》る。王《おう》、之《これ》に假《いた》る。憂《うれ》うる勿《なか》れ。日中《にっちゅう》に宜《よろ》し。

豊《ほう》は豊満、盛大なこと。明らかな道徳才能があり、情勢を明らかに見定めて、適切なときに活動するので、豊かな勢いを得て、ことはうまく行く。徳のある王者はこの状態に至ることができる。ものごとは盛大を極めると必ず傾くものだが、いたずらに心配する必要はない。自分の道徳才能を磨き、太陽がすべてを照らすように、人々に恩恵をもたらすことを心がけるのが良い。

初九《しょきゅう》。其《そ》の配主《はいしゅ》に遇《あ》う。旬《ひと》しと雖《いえど》も咎无《とがな》し。往《ゆ》けば尚《たっと》ばるる有《あ》り。

自分と志を同じくする上の者に会う。力量が等しいようだが災いはない。力を合わせてことを行い、自分の力を誇ることがなければ、相手からも大切にされる。

六二《りくじ》。其《そ》の蔀《しとみ》を豊《おお》いにす。日中《にっちゅう》に斗《と》を見《み》る。往《ゆ》けば疑《うたが》い疾《にく》まるるを得《え》ん。孚《まこと》有《あ》りて發若《はつじゃく》たれば、吉《きち》。

自分の上にいる者が暗愚《あんぐ》である。たとえば、日除けのすだれが大きすぎて屋内に日光が入らず、日中であるのに北斗星が見えるほどの暗い状態である。進んでことを行おうとすると疑われて憎まれることがある。真心をもって、上の者を感動させ啓発することができれば、心が通じるようになり、吉を得る。

九三《きゅうさん》。其《そ》の沛《はい》を豊《おお》いにす。日中《にっちゅう》に沫《ばい》を見《み》る。其《そ》の右《みぎ》の肱《ひじ》を折《お》る。咎《とが》无《な》し。

自分の上にいる者がますます暗くなって、垂れ幕を大きくして、日中でも屋内で小さな星屑が見えるような状態である。腕を奮おうとしても、右ひじを折られてしまったように力を発揮できない。それは自分が原因ではないので、咎《とが》められる過失はない。

九四《きゅうし》。　其《そ》の蔀《しとみ》を豊《おお》いにす。日中《にっちゅう》に斗《と》を見《み》る。其《そ》の夷主《いしゅ》に遇《あ》えば、吉《きち》。

自分の上にいる者が暗愚《あんぐ》である。たとえば、日除けの覆《おお》いが大きすぎて屋内に日光が入らず、日中であるのに北斗星が見えるほどの暗い状態である。その責任は自分にもある。もしも、自分と同等の力量がある下の者に会って、助け合うことができたなら、吉にして福を受けることができる。

六五《りくご》。　章《しょう》を來《きた》せば、慶譽《けいよ》有《あ》り。吉《きち》。

自分一人では力が不足して達成することはできないが、もしも、自分より下にいる優れた道徳才能の持ち主である賢人を招いて、その言葉に従うことができれば、喜びと名誉を得ることができて吉である。

上六《じょうりく》。其《そ》の屋《おく》を豊《おお》いにし、其《そ》の家《いえ》に蔀《しとみ》す。其《そ》の戸《と》を闚《うかが》うに、闃《げき》として其《そ》れ人《ひと》无《な》し。三歳《さんさい》まで覿《み》ず。凶《きょう》。

たとえば、家の屋根を大きくして、家中に蔀《しとみ》を取り付けて暗くしてしまったようだ。力量も徳も不足しているのに思いあがって、自分の知恵や徳を暗くしてしまったために、盛りが終わって凋落《ちょうらく》してしまった。身を隠して、人と親しもうともせず、戸口からのぞいてみても、ひっそりとして人の気配がない。三年たっても外に出て人と顔を合わせようとしない。凶である。

56

火《か》山《ざん》旅《りょ》 ䷷

旅《たび》は、小《すこ》しく亨《とお》る。旅《たび》には貞《ただ》しければ吉《きち》。

旅は、旅行、移動、旅人、放浪者のこと。旅をしていると不便なことや苦労が多い。すべてのことが思い通りになるわけではないので、小さなことならうまく行く。旅のときには、心を正しく守っていれば吉である。

初六《しょりく》。旅《たび》して瑣瑣《ささ》たり。斯《そ》れ其《そ》の災《わざわ》いを取《と》る所《ところ》なり。

旅に出て、細かいことにこせこせして落ち着かない。これでは行き詰まってしまうようになり、災いを招くことになる。

六二《りくじ》。　旅《たび》して次《やど》に即《つ》き、其《そ》の資《し》を懐《いだ》き、童僕《どうぼく》の貞《てい》を得《え》たり。

旅に出て、幾日か落ち着いて泊まれる宿を得て、旅費の用意も十分にあり、補佐してくれる者は忠実である。控えめにしていれば災いはない。

九三《きゅうさん》。　旅《たび》して其《そ》の次《やど》を焚《や》かれ、其《そ》の童僕《どうぼく》の貞《てい》を喪《うしな》う。厲《あや》うし。

旅に出て泊まった宿が火事になって居場所がなくなり、横暴な振る舞いをするので補佐してくれる者もいなくなってしまう。危険なことである。

九四《きゅうし》。　旅《たび》して于《ここ》に處《お》り、其《そ》の資斧《しふ》を得《え》たり。我《わ》が心《こころ》快《こころよ》からず。

旅をして、いまいる住居を得て、資金や必要な器物を得ることができた。しかし、その立場は自分の志にあったものではないので、心はすっきりしていない。

六五《りくご》。雉《きじ》を射《い》て、一矢《いっし》亡《うしな》う。終《つい》に以《もっ》て譽命《よめい》あり。

たとえば、旅に出て、キジを射るが一本の矢を失うようだ。初めは自分の思うようにはならない。後には認められて、名誉や地位を得る。

上九《じょうきゅう》。鳥《とり》其《そ》の巣《す》を焚《や》かる。旅人《たびびと》先《さき》には笑《わら》い、後《のち》には號《な》き咷《さけ》ぶ。牛《うし》を易《えき》に喪《うしな》う。凶《きょう》。

たとえば、鳥が高い木の上に作った巣を焼かれてしまうようだ。旅に出て、初めは落ち着くことができるところを得たので、笑い楽しんでいたが、驕《おご》り高ぶって、後には周りの人からの支持を失い、居場所がなくなり、泣き叫ぶようになる。牛が自分の居場所の境あたりで突然いなくなってしまうように、自分の持っているものがなくなってしまう。凶である。

57 巽《そん》爲《い》風《ふう》

☴☴

巽《そん》は、小《すこ》しく亨《とお》る。往《ゆ》く攸《ところ》有《あ》るに利《よ》ろし。大人《たいじん》を見《み》るに利《よ》ろし。

巽《そん》は入る、従う、従順、へりくだること。人に従って受け入れられるように心がけるので、小さなことはうまく行く。人にへりくだるために、いかなる人も受け入れてくれるので、進んでことにあたって良い。ただし、誰にでも従えば良いのではなく、道徳と才能のある正しい人を見定めて従うのが良い。

初六《しょりく》。進《すす》み退《しりぞ》く。武人《ぶじん》の貞《てい》に利《よ》ろし。

風が行ったり戻ったりするように節度がない。上からの命令を受け入れるべきか、拒《はば》むべきか迷う。進退を決断することができない。武士のように果断で自分の思いに徹する態度をもつようにするのが良い。

九二《きゅうじ》。巽《したが》いて牀下《しょうか》に在《あ》り。史巫《しふ》を用《もち》うること紛若《ふんじゃく》たれば、吉《きち》にして咎《とが》无《な》し。

従順で人の寝台の下に控えるようにへりくだっている。祭文《さいもん》を作る史《し》をたびたび用いて人間の希望を神に伝えたり、巫《ふ》を用いて神の意思を人間に伝えるように、頻繁に下の者の意思を上の者に伝え、上の者の意思を下の者に伝えて、上下の意思疎通をはかるようにすれば、吉にして咎《とが》められる過失はない。

九三《きゅうさん》。頻《しき》りに巽《したが》う。吝《りん》。

へりくだって従順になろうとしても、持ち前の傲慢《ごうまん》さが出てそれを失い、これでは良くないと思って、またへりくだることをしばしば繰り返す。このような状態は恥ずかしいことである。

六四《りくし》。悔亡《くいほろ》ぶ。田《かり》して三品《さんぴん》を獲《え》たり。

従順さがあるので後悔することがない。たとえば、狩りをして沢山《たくさん》の獲物がある。神に供える物、賓客をもてなす物、台所に用いる物などの功績がある。

九五《きゅうご》。貞《ただ》しくて吉《きち》。悔亡《くいほろ》ぶ。利《よ》ろしからざる无《な》し。初《はじ》め无《な》くして終《おわ》りあり。庚《こう》に先《さき》だつこと三日《みっか》、庚《こう》に後《おく》るること三日《みっか》。吉《きち》。

正しい道を固く守っているので、吉にして後悔をするようなことはない。すべてのことがうまく行く。初めは良くなくても終わりは良い。ものごとを改善しようとするときには、改めるのに先立って丁寧に配慮をし、変更した後は、それがどうなったかを測るようにすれば吉である。

上六《じょうりく》。巽《したが》いて牀下《しょうか》に在《あ》り。其《そ》の資斧《しふ》を喪《うしな》う。貞《ただ》しけれども凶《きょう》。

従順でへりくだって、寝台の下に控えている。相手におもねって相手の喜ぶことだけを語り、言われるままに従っているだけなので、ついには退けられ、お金も器物も失うようになる。正しい道に従っていたとしても凶である。

58
兌《だ》為《い》澤《たく》 ䷹

兌《だ》は、亨《とお》る。貞《ただ》しきに利《よ》ろし。

兌《だ》は喜ぶ、楽しむこと。自分も喜び、人も喜ぶので、行うことはすべてがうまく行く。ただし、油断して喜びに行き過ぎ、悪い道に陥《おちい》りやすいので、正しい道を固く守るのが良い。

初九《しょきゅう》。和《わ》して兌《よろこ》ぶ。吉《きち》。

物と物とが良く調和し、人と人とが良く和合《わごう》して喜ぶ。吉にして福を得る。

九二《きゅうじ》。孚《まこと》ありて兌《よろこ》ぶ。吉《きち》にして悔亡《くいほろ》ぶ。

誠実な真心をもって、喜び楽しんでいる。人から信頼され、吉であって後悔することはなくなる。

六三《りくさん》。來《きた》りて兌《よろこ》ぶ。凶《きょう》。

人に喜ばれることを求めて、耳ざわりの良いことを言って受け入れられるようとするが、かえって疎《うと》んぜられ侮《あなど》られることになり、凶にして災いを受ける。

九四《きゅうし》。商《はか》りて兌《よろこ》ぶ。未《いま》だ寧《やす》からざるも、疾《やまい》を介《へだ》てれば喜《よろこ》び有《あ》り。

どちらの人に従って喜ぼうかと考えて、決心がつかない。心が落ち着かないが、自分に災いをもたらす良くないものを思い切って遠ざけるときには、自分だけでなく周りにも喜びがある。

九五《きゅうご》。剥《はく》に孚《まこと》あり。厲《あや》うきこと有《あ》り。

自分の道徳をはぎ減らしに来るような、口先で諂《へつら》って来る良くない者に対しても、真心をもって接する。これは悪いことではないが、危険な状態になるので警戒しなければならない。

上六《じょうりく》。引《ひ》きて兌《よろこ》ぶ。

物柔らかに耳ざわりの良いことを言って諂《へつら》い、人を自分の味方に引き入れて自《みずか》ら喜び楽しもうとする。これは正しいことではない。

59

風《ふう》水《すい》渙《かん》

渙《かん》は、亨《とお》る。王《おう》、有廟《ゆうびょう》に假《いた》る。大川《たいせん》を渉《わた》るに利《よ》ろし。貞《ただ》しきに利《よ》ろし。

渙《かん》とは、離れる、離散、解消、散らすこと。大きい風が吹いて水が散乱するようにばらばらになっても、これをまた解消することができたときには、ことはうまく行くようになる。天子が先祖にお参りして、真心をもって自分の私心を吹き散らして、自分の心を修めれば、他の人々はそれに感化されて、党派徒党は解き散らされてなくなる。大きな川を渡るような困難を克服することができる。ただし、その方法は正しい道を固く守るのが良い。

初六《しょりく》。用《もっ》て拯《すく》うに馬壮《うまさか》んなれば、吉《きち》。

散乱し始めたときに、これを救うのに強い馬に乗ってすみやかに助けに行くことができれば、吉になる。

道徳才能の高い者に従って、その助けを得れば救済することができる。

九二《きゅうじ》。渙《かん》のとき其《そ》の机《き》に奔《はし》る。悔《くい》亡《ほろ》ぶ。

散乱していくときに、本来ならば後悔する立場であるが、その身を寄せて休むことができる肘掛《ひじかけ》に駆《か》けつけて、落ち着いている。身分相応の位置にいて、目下の者と和合《わごう》して、落ち着いているので、散乱を救う道が開ける。悔《く》いるべきことはなくなる。

六三《りくさん》。其《そ》の躬《み》を渙《ち》らす。悔《くい》无《な》し。

散乱している状態を救いたいと思って、自分の身を顧《かえり》みず、自分の身を投げ出して吹き散らしてしまう。たとえ不成功に終わっても、自《みずか》ら悔《く》いるところはない。

六四《りくし》。其《そ》の羣《ぐん》を渙《ち》らす。元吉《げんきち》なり。渙《ち》るときは丘《あつま》ること有《あ》り。夷《つね》の思《おも》う所《ところ》に匪《あら》ず。

自分の徒党・集団を解散して、上を助け、世の中のために尽《つ》くそうとするので、大いに吉である。集団を解散すると、自《おの》ずから良い人々が丘のように大勢集まることになる。この道理は、普通一般の人の考えが及ぶところではない。

九五《きゅうご》。渙《かん》のとき其《そ》の大號《たいごう》を汗《かん》す。渙《かん》のとき王《おう》として居《お》るも咎无《とがな》し。

人々の散ってしまうときにあたり、大号令を発するが、その号令は、肌から出た汗が元に戻らないように、貫《つらぬ》き通す覚悟が必要である。王がこのように落ち着いていれば、咎《とが》を受けることはない。

上九《じょうきゅう》。其《そ》の血《ち》を渙《ち》らし、去《さ》りて逖《とお》く出《い》ず。咎无《とがな》し。

自分の身を傷つけ害《そこな》う者を吹き散らし、危険からはるかに遠ざかった状態である。咎《とが》を受けることはない。

60 水《すい》澤《たく》節《せつ》

䷻

節《せつ》は、亨《とお》る。苦節《くせつ》は貞《ただ》しく可《すべか》らず。

節《せつ》は節制、節度、調節、規制のこと。ものごとに制限や規制があって、そのところに止《とど》まっていること。ものごとに節度や規律を定め、慎《つつし》んでそれを守っているので、行うことはうまく行く。ただし、それが厳しすぎて、自分や人々が困苦するほど窮屈な節度や規律では、それを固く守ることはできない。

初九《しょきゅう》。戸庭《こてい》を出《い》でず。咎《とが》无《な》し。

ことを行っても通じるときと通じないときのあることをよく知っている。自《みずか》ら節度や制限を守って、自分の家の内に引っ込んでいて、部屋の戸の外の中庭より外へは出ない。才能を内に秘めて外に出さず、言葉を慎《つつし》んでいる。咎《とが》められる過失はない。

九二《きゅうじ》。門庭《もんてい》を出《い》でず。凶《きょう》。

動くべきときなのに、家の内に閉じこもって門内の外庭から外に出ないのは正しくなく、ときを失って凶である。

六三《りくさん》。　節若《せつじゃく》せざれば則《すなわ》ち嗟若《さじゃく》たり。咎《とが》无《な》し。

節度や規制を守ることができなければ、なげき悲しむようになる。自《みずか》らその非を知って悔《く》い改めれば、咎《とが》められる過失はない。

六四《りくし》。　節《せつ》に安《やす》んず。亨《とお》る。

よく節度や規制を守って従っている。ことはうまく行く。

九五《きゅうご》。　節《せつ》に甘《あま》んず。吉《きち》。往《ゆ》けば尚《たっと》ばるること有《あ》り。

節度を守ることに甘んじて楽しみ、喜んでそれに従うことができて、吉である。進んでことにあたれば、人々から尊敬を受ける。

上六《じょうりく》。苦節《くせつ》は貞《ただ》しけれども凶《きょう》。悔亡《くいほろ》ぶ。

あまりにも窮屈に規制をすれば、その道が行き詰まるので凶である。ただし、自分で正しいと考えて節制したことによって窮しているので、自《みず》らが悔《く》いることはない。

61

風《ふう》澤《たく》中《ちゅう》孚《ふ》

䷼

中孚《ちゅうふ》は、豚魚《とんぎょ》にして吉《きち》なり。大川《たいせん》を渉《わた》るに利《よ》ろし。貞《ただ》しきに利《よ》ろし。

中孚《ちゅうふ》は心の中に真実な誠があって、それが人を感動させること。心の中に私利私欲《しりしよく》がなく誠実さがあり、それが無知な豚や魚にさえも伝わって感動させるほどなら吉である。大きな川を渡るような困難なことも乗り越えることができる。正しい道を固く守っているのが良い。

＊豚魚《とんぎょ》は江豚《スメナリ》というイルカの類だという説もある。

初九《しょきゅう》。虞《おもんばか》れば吉《きち》。它有《たあ》れば燕《やす》からず。

ことの是非《ぜひ》や善悪をよく考えて、信ずべき者を信じて、あるべき様《よう》にいれば吉である。もし志を変えて他のものを信じるときは、落ち着いて安らかにいることはできない。

九二《きゅうじ》。鳴鶴陰《めいかくいん》に在《あ》り。其《そ》の子《こ》、之《これ》に和《わ》す。我《われ》に好爵《こうしゃく》有《あ》り、吾《われ》、爾《なんじ》と之《これ》を靡《とも》にせん。

たとえば、鶴が夜陰《やいん》に子を案じて鳴けば、子鶴もこれに感応して声を合わせる。美酒の杯《さかずき》のような、財や地位といった良いものを独りじめすることなく、他の人にも分かち与えようとする。

六三《りくさん》。 敵《てき》を得《え》て、或《ある》いは鼓《こ》し或《ある》いは罷《や》め、或《ある》いは泣《な》き或《ある》いは歌《うた》う。

争う敵に対して、太鼓を鳴らして攻めようとしてみたり、やはり勝てないと思って途中で止めてみたり、自分の境遇を悲嘆して泣いたり、都合が良くなると大声で歌ってみたりして、その態度が定まらない。このように一定の方針がない状態では、ことはうまく進まない。

六四《りくし》。 月《つき》、望《ぼう》に幾《ちか》し。馬匹《ばひつ》亡《うしな》う。咎《とが》无《な》し。

満月のように満ちる手前にいる。馬が同類の仲間をなくしたように、自分の近くにいる同類の仲間と私的な徒党を組むことがなく、公平で誠実に独り進んでいく。咎《とが》を受ける過失はない。

九五《きゅうご》。孚《まこと》有《あ》りて攣如《れんじょ》たり。咎《とが》无《な》し。

誠が満ちあふれて、人々の心を感化し、皆を固く結びつけて信頼し合っている。咎《とが》を受ける過失はない。

上九《じょうきゅう》。翰音天《かんおんてん》に登《のぼ》る。貞《ただ》しけれども凶《きょう》。

鶏《にわとり》の鳴き声だけが天に昇《のぼ》って、その体は高く飛ぶことができずに元の地面にいるようだ。道徳や才能がないのに名声や評判だけが高い。たとえいま行っていることが正しいことであっても、長くは続かずにほころびが出てくるので凶である。

62

雷《らい》山《ざん》小《しょう》過《か》

小過《しょうか》は、亨《とお》る。貞《ただ》しきに利《よ》ろし。小事《しょうじ》には可《か》なり、大事《だいじ》には可《か》ならず。飛鳥之《ひちょうこれ》が音《いん》を遺《のこ》す。上《のぼ》るに宜《よろ》しからず、下《くだ》るに宜《よろ》し。大《おお》いに吉《きち》。

小過《しょうか》とは小なるものが少し行き過ぎ、優勢になること。日常の行為などの小さいことは、場合によっては行き過ぎるぐらいで、かえってものごとがうまく運んでいくことがある。正しい道を固く守っているのが良い。日常的な小さなことを行うことはできるが、大きなことを行うのは良くない。鳥が空を飛んでいき、その鳴き声だけが残っている。鳥が高く飛び上がるのは良くなく、下りてきて安定する場所を得れば、大いに吉を得る。小し倹約や慎《つつし》みに過ぎるぐらいが良い。

初六《しょりく》。　飛鳥以《ひちょうもっ》て凶《きょう》。

慎《つつし》み止《とど》まることを知らず、上を目指して高く飛び上がろうとする。安定した位置を失い凶である。

六二《りくじ》。　其《そ》の祖《そ》を過《す》ぎて、其《そ》の妣《ひ》に遇《あ》う。其《そ》の君《きみ》に及《およ》ばずして、其《そ》の臣《しん》に遇《あ》う。咎无《とがな》し。

祖父を過ぎて、曾祖母に会うような、上の者をしのぐ行いはせず、その下の者に会うことで控えめにしている。咎《とが》められる過失はない。

九三《きゅうさん》。　過《す》ぎず、之《これ》を防《ふせ》ぐ。従《したが》って或《ある》いは之《これ》を戕《そこな》はば凶《きょう》。

自分の勢力が弱く、相手に過ぎることはできず、これを防ぐことができるだけである。したがって、あるとき相手を攻め滅《ほろ》ぼそうとしたら、凶にして災いを受ける。

九四《きゅうし》。咎《とが》无《な》し。過《す》ぎずして之《これ》に遇《あ》う。往《ゆ》けば厲《あや》うし。必《かなら》ず戒《いまし》めよ。用《もち》いる勿《なか》れ。永《なが》く貞《てい》なれ。

強くなり過ぎないように、ほどほどに人と対応するので、災いはない。進んでことを行うのは危険である。自分を慎《つつし》んで戒《いまし》める必要がある。自分の持っている力を用いてはならない。永く久しく正しい道を守っていることが大切である。

六五《りくご》。密雲《みっうん》あれど雨《あめ》ふらず。我《わ》が西郊《せいこう》よりす。公《こう》、弋《いぐるみ》して彼《か》の穴《あな》に在《あ》るを取《と》る。

西の方から雨雲が起こっていても雨が降らない。ことを進めるのに、良い手助けが得られない。そこで、糸のついた矢で穴の中の鳥を獲るようにして、手助けをしてくれる者を探しだす。

上六《じょうりく》。遇《あ》わずして之《これ》を過《す》ぐ。飛鳥之《ひちょうこれ》に離《かか》る。凶《きょう》。是《これ》を災眚《さいせい》と謂《い》う。

あまりにも高くまで飛び上がり過ぎて、安定の場を得られない。飛ぶ鳥が糸のついた矢にかかるような災いにあう。凶である。これを天の災いと自《みずか》ら招いた災いという。

63 水《すい》火《か》既《き》済《せい》

䷾

既済《きせい》は、亨《とお》ること小《しょう》なり。貞《ただ》しきに利《よ》ろし。初《はじ》めは吉《きち》にして終《おわ》りは亂《みだる》る。

既済《きせい》とはことがすでに成り、ものごとがすべて整ったこと。すでに十分に完成したので、大きく伸びる余地はないので、小さいことならうまく行く。正しい道を固く守るのが良い。初めは安泰な状態だが、注意して維持し続けないとほころびが出て、終わりには乱れるようになる。

初九《しょきゅう》。其《そ》の輪《りん》を曳《ひ》き、其《そ》の尾《お》を濡《ぬ》らす。咎《とが》无《な》し。

車輪を引き戻して前進するのを止める。動物が川を渡るときにしっぽを濡らしてしまったので進むのをやめる。軽々しくみだりに動くことを自《みずか》ら戒《いまし》めているので、咎《とが》められる過失はない。

六二《りくじ》。婦《ふ》其《そ》の茀《ふつ》を喪《うしな》う。逐《お》うこと勿《なか》れ。七日《しちじつ》にして得《え》ん。

進もうと思っても、婦人が出かけるのに車の覆《おお》いの目隠しを人に取られてしまって出かけられないようなものだ。失くした覆《おお》いを追い求めてはいけない。七日すると自然に返ってくる。

いわれのない非難や妨害があっても、弁解せずにそのままにしておくのが良い。ときがたてば自然に消えてしまう。

九三《きゅうさん》。高宗《こうそう》、鬼方《きほう》を伐《う》つ。三年《さんねん》にして之《これ》に克《か》つ。小人《しょうじん》は用《もち》うる勿《なか》れ。

殷《いん》の王武丁《ぶてい》（高宗《こうそう》）が国内を平定したのち、さらに蛮族を征伐しに行ったが、高宗《こうそう》でも三年をかけてようやく勝つことができた。ましてや小人は、泰平が続くと事件や騒ぎが起きるのを好むので、小人を用いてはならない。

六四《りくし》。繻《ぬ》るるに衣袽《いじょ》有《あ》り。終日戒《しゅうじついまし》む。

舟の水が漏れるところができたときに備えて、ボロ布などの防ぐものを用意しておく。このようにいざという場合に備えて、一日中警戒することが必要である。

九五《きゅうご》。東鄰《とうりん》の牛《うし》を殺《ころ》すは、西鄰《せいりん》の禴祭《やくさい》して、實《まこと》に其《そ》の福《ふく》を受《う》くるに如《し》かず。

ことが完成したときに驕《おご》り高ぶっているのは良くない。牛を殺して上の者と盛大な祭礼をするよりは、誠意をこめて下の者と質素な祭礼をして、福を受けるようにしたほうが良い。

上六《じょうりく》。其《そ》の首《こうべ》を濡《うるお》す。厲《あや》うし。

才能や道徳が不足しているのに、ことをなそうとするのは、川を渡るときに、しっぽだけでなく、首まで濡れてしまうことになる。危険である。

64

火《か》水《すい》未《び》済《せい》

䷿

未《び》濟《せい》は、亨《とお》る。小《しょう》狐《こ》汔《ほと》んど濟《わた》らんとして、其《そ》の尾《び》を濡《ぬ》らす。利《よ》ろしき攸《ところ》无《な》し。

未《び》済《せい》は、ものごとがいまだ完成していないこと。すべてのものがところを得ていないので、ことがうまく行くはずはないが、人の協力によってうまく行くようになる。しかしいまは、小狐《こぎつね》が思慮なく軽々しく川を渡ろうとして、ほとんど渡り終えるところで力尽《つ》きて、そのしっぽを濡らして渡り終えることができずに引き返してくるような状態である。良いところがない。

初六《しょりく》。　其《そ》の尾《び》を濡《ぬ》らす。吝《りん》。

自分の道徳才能が不足しているのも考えずに、川を渡ろうとして失敗し、そのしっぽを濡らして引き返す。恥ずかしいことである。

九二《きゅうじ》。　其《そ》の輪《りん》を曳《ひ》く。貞《ただ》しくして吉《きち》。

車を引き戻して軽々しく進まない。正しい道を固く守って、いたずらに進まずに時機《じき》を見るので吉である。

六三《りくさん》。　未《いま》だ濟《な》らず。征《ゆ》くは凶《きょう》。大川《たいせん》を渉《わた》るに利《よ》ろし。

まだ困難の中から脱することができないので、ことをなすことができない。無理に進んでことを行うのは凶である。しかし、道徳才能のある賢人たちと協力すれば、船で大きな川を渡ることができる。

九四《きゅうし》。貞《ただ》しくて吉《きち》。悔亡《くいほろ》ぶ。震《うご》きて用《もっ》て鬼方《きほう》を伐《う》つ。三年《さんねん》にして大國《たいこく》に賞《しょう》せらるること有《あ》り。

正しい道を固く守っているので、吉である。後悔するようなことはなくなる。勇気をふるって力強く動いて、蛮族を征伐に行く。三年かけて大きな功績を得て、大国を任されるような勲功を立てることができる。

六五《りくご》。貞《ただ》しくて吉《きち》。悔无《くいな》し。君子《くんし》の光《ひかり》あり。孚有《まことあ》りて吉《きち》。

正しい道を固く守っているので、吉である。後悔することは全くない。道徳のある人として人々の前に光り輝くようだ。心の中に誠実な真心が充実しているので、大いなる吉を得る。

上九《じょうきゅう》。飲酒《いんしゅ》に孚有《まことあ》り。咎无《とがな》し。其《そ》の首《こうべ》を濡《ぬ》らすときは、孚有《まことあ》れども是《ぜ》を失《うしな》う。

心の中に真心と知恵をもっていて、悠然《ゆうぜん》と落ち着いて酒を飲んで、自《みずか》らを養い楽しんでいる。咎《とが》められる過失はない。しかし、何かの大事業をしようとして波乱を起こしたり、節度を知らずに、首まで酒びたりになるようでは、誠実な真心があっても、それまで積み重ねたものを失ってしまう。

高間邦男　たかまくにお
一九五〇年東京都生まれ。株式会社ヒューマンバリュー会長。長く企業の人材開発、組織開発に携わってきた。学習する組織、ダイアローグ、パフォーマンスマネジメント革新、ACT、アジャイル組織などについて調査研究を行っている。また、個人のライフワークとして仏教・ヒンドゥー教・キリスト教・易経について、現代人が自己変容を行う方法論という観点から学び続けている。主な著書に『学習する組織』『組織を変える「仕掛け」』（いずれも光文社新書）、『あなたの中の『変える』チカラ』（ダイヤモンド社）がある。

日々《ひび》の易経《えききょう》
三百八十四《さんびゃくはちじゅうよん》の物語《ものがたり》

二〇二一年六月二十二日初版発行

著　者　高間邦男

編集協力　稲垣麻由美（一凛堂）

装　幀　西田優子

発行者　上野勇治

発　行　港の人
神奈川県鎌倉市由比ガ浜三―一一―四九
〒二四八―〇〇一四
電話〇四六七―六〇―一三七四
FAX〇四六七―六〇―一三七五

印刷製本　シナノ印刷

ISBN978-4-89629-395-1